MUSTAPHA ET ZÉANGIR,

TRAGÉDIE

EN CINQ ACTES ET EN VERS;

Repréſentée ſur le Théâtre de Fontainebleau, devant LEURS MAJESTÉS, le premier Novembre 1776 & le 7 Novembre 1777;

A Paris, ſur le Théâtre de la Comédie Françaiſe, le 15 Décembre 1777.

DÉDIÉE A LA REINE,

PAR M. DE CHAMFORT, Secrétaire des Commandemens de Son Alteſſe Séréniſſime Monſeigneur LE PRINCE DE CONDÉ, Membre de l'Académie de Marſeille.

Le prix eſt de 30 ſols.

A PARIS,

CHEZ la Veuve DUCHESNE, Libraire, rue Saint-Jacques, au Temple du Goût.

M. DCC. LXXVIII.
Avec Approbation & Permiſſion.

A LA REINE.

MADAME,

L'indulgente approbation dont VOTRE MAJESTÉ a daigné honorer la Tragédie de Mustapha & Zéangir m'avait fait concevoir l'espérance de lui présenter cet Ouvrage, & vos bontés ont rendu ce vœu plus cher à ma reconnaissance. Heureux, si je pouvais, MADAME, la consacrer par de nouveaux efforts, si je pouvais justifier vos bienfaits par d'autres travaux & trouver grace devant VOTRE MAJESTÉ, par le mérite de mes ouvrages, plus que par le choix de leur sujet! En effet, MADAME, le triomphe de la tendresse fraternelle, l'amitié généreuse & les combats magnanimes de deux héros avaient naturellement trop de droits sur votre ame, & peindre des vertus, c'était s'assurer l'honneur du suffrage de VOTRE MAJESTÉ,

Je suis avec un très-profond respect,

MADAME,

DE VOTRE MAJESTÉ,

Le très-humble, très-obéïssant,
& très-fidele Sujet,
CHAMFORT.

MUSTAPHA
ET
ZÉANGIR,
TRAGÉDIE.

PERSONNAGES. ACTEURS.

SOLIMAN, Empereur des Turcs.   M. Brizard.
ROXELANE, Epouse de Soliman.   Mme. Vestris.
MUSTAPHA, fils ainé de Soliman,
    mais d'une autre femme.   M. Larive.
ZÉANGIR, Fils de Soliman & de
    Roxelane.   M. Molé.
AZÉMIRE, Princesse de Perse.   Mlle. Sainval, cad.
OSMAN, Grand-Visir.   M. Dussaut.
ALI, Chef des Janissaires.   M. Vanhove.
ACHMET, ancien Gouverneur de
    Mustapha.   M. Dauberval.
FÉLIME, Confidente d'Azémire.   Mlle la Chassaigne.
NESSIR, GARDES.

*La Scène est dans le Serrail de Constantinople,
autrement Bizance.*

MUSTAPHA
ET
ZÉANGIR,
TRAGEDIE.

ACTE PREMIER.

SCENE PREMIERE.
ROXELANE, OSMAN.
OSMAN.

OUI, Madame, en secret le Sultan vient d'entendre
Le récit des succès que je dois vous apprendre ;
Les Hongrois sont vaincus, & Témesvar surpris,
Garant de ma victoire, en est encor le prix.

A ij

Mais tout prêt d'obtenir une gloire nouvelle,
Dans Bizance aujourd'hui quel ordre me rappelle ?

ROXELANE.

Eh! quoi, vous l'ignorez !.. Oui, c'est moi seule, Osman
Dont les soins ont hâté l'ordre de Soliman.
Visir, notre ennemi se livre à ma vengeance.
Le Prince, dès ce jour, va paraître à Bizance ;
Il revient : ce moment doit décider enfin
Et du sort de l'Empire & de notre destin.
On sçaura si toujours puissante, fortunée,
Roxelane, vingt-ans d'honneurs environnée,
Qui vit du monde entier l'arbitre à ses genoux,
Tremblera sous les loix du fils de son époux ;
Ou si de Zéangir l'heureuse & tendre mère,
Dans le sein des grandeurs achevant sa carrière,
Dictant les volontés d'un fils respectueux,
De l'Univers encore attachera les yeux.

OSMAN.

Que n'ai-je, en abattant une tête ennemie,
Assûré d'un seul coup vos grandeurs & ma vie !
J'osais vous en flatter : le Sultan soupçonneux
M'ordonnait de saisir un fils victorieux
Dans son Gouvernement, au sein de l'Amasie ;
Je pars sur cet espoir : j'arrive dans l'Asie,
J'y vois notre ennemi des peuples révéré,
Cheri de ses Soldats, partout idolâtré.
Ma présence effrayait leur tendresse allarmée ;
Et si le moindre indice eut instruit son armée
De l'ordre & du dessein qui conduisait mes pas ;
Je périssais, Madame, & ne vous servais pas.

TRAGÉDIE.
ROXELANE.

Soyez tranquille, Osman, vous m'avez bien servie :
Puisqu'on l'aime à ce point, qu'il tremble pour sa vie.
Je sçais que Soliman n'a point, dans ses rigueurs,
De ses cruels ayeux déployé les fureurs ;
Que souvent, près de lui, la terre avec surprise
Sur le trône Ottoman vit la clémence assise ;
Mais s'il est moins féroce, il est plus soupçonneux,
Plus despote, plus fier, non moins terrible qu'eux.
J'ignore si, d'ailleurs, au comble de la gloire,
Couronné quarante ans des mains de la victoire,
Sans regret par son fils un père est égalé ;
Mais le fils est perdu, si le père a tremblé.

OSMAN.

Ne m'écrivez-vous point qu'une lettre surprise,
Par une main venale entre vos mains remise,
Du Prince & de Thamas trahissant les secrets,
Doit prouver qu'à la Perse il vend nos intérêts ?
Cette lettre, sans doute, au Sultan parvenue....

ROXELANE.

Cette lettre, Visir, est encore inconnue.
Mais apprenez quel prix le Sultan, par ma voix,
Annonce en ce moment au vainqueur des Hongrois.
De ma fille à vos vœux par mon choix destinée
Il daigne à ma prière approuver l'hymenée,
Et ce nœud sans retour unit nos intérêts.
J'ai pu, jusqu'aujourd'hui, sans nuire à nos projets,
Dans le fond de mon cœur ne point laisser surprendre
Tous les secrets qu'ici j'abandonne à mon gendre.

Ecoutez : du moment qu'un hymen glorieux
Du Sultan pour jamais m'eut asservi les vœux,
Je redoutai le Prince ; idole de son père,
Il pouvait devenir le vengeur de sa mère :
Il pouvait.... Cher Osman, j'en frémissais d'horreur ;
Au faîte du pouvoir, au sein de la grandeur,
Du Serrail, de l'Etat souveraine paisible,
Je voyais dans le fond de ce Palais terrible
Un enfant s'élever pour m'imposer la Loi :
Chaque instant redoublait ma haine & mon effroi.
Les cœurs volaient vers lui : sa fierté, son courage,
Ses vertus s'annonçaient dans les jeux de son âge,
Et ma rivale, un jour, arbitre de mon sort,
M'eût présenté le choix des fers ou de la mort.
Tandis que ces dangers occupaient ma prudence,
Le Ciel de Zéangir m'accorda la naissance ;
Je triomphais, Osman, j'étais mère : & ce nom
Ouvrait un champ plus vaste à mon ambition ;
Je cachai toutefois ma superbe espérance ;
De mon fils près du Prince on éleva l'enfance,
Et même l'amitié, vain fruit des premiers ans,
Sembla mêler son charme à leurs jeux innocens.
Bientôt mon ennemi, plus âgé que son frère,
S'enflammant au récit des exploits de son père,
S'indigna de languir dans le sein du repos,
Et brûla de marcher sur les pas des Héros.
Avec plus d'art alors cachant ma jalousie,
Je fis à son pouvoir confier l'Amasie,
Et, tandis que mes soins l'exilaient prudemment,
Tout l'Empire me vit avec étonnement
Assurer à ce Prince un si noble partage,
De l'héritier du Trône ordinaire appanage ;

TRAGÉDIE.

Sa mère auprès de lui courut cacher ses pleurs.
Mon fils, demeuré seul, attira tous les cœurs:
Mon fils à ses vertus sçait unir l'art de plaire;
Presqu'autant qu'à moi-même il fut cher à son père,
Et, remplaçant bientôt le rival que je crains,
Déjà, sans les connaitre, il servait mes desseins.
Je goûtais, en silence, une joie inquiette;
Lorsque, las de payer le prix de sa défaite,
Thamas à Soliman refusa les tributs,
Salaire de la Paix que l'on vend aux Vaincus;
Il fallut pour arbitre appeller la Victoire.
Le Prince jeune, ardent, animé par la gloire,
Brigua près du Sultan l'honneur de commander;
Aux vœux de tout l'Empire il me fallut céder.
Eh! qui sçavait, Osman, si la guerre inconstante,
Punissant d'un soldat la valeur imprudente,
N'aurait pu?.... Vain espoir! les Persans terrassés,
Trois fois dans leurs déserts devant lui dispersés,
La fille de Thamas, aux chaines réservée,
Dans Tauris pris d'assaut par ses mains enlevée,
Ces rapides exploits l'ont mis, dès son printems,
Au rang de ces Héros, honneur des Ottomans....
J'en rends graces au Ciel.... Oui, c'est sa renommée,
Cet amour, ces transports du Peuple & de l'armée,
Qui, d'un maitre superbe aigrissant les soupçons,
A ses regards jaloux ont paru des affronts.
Il n'a pu se contraindre, & son impatience
Rappelle, sans détour, le Prince dans Bysance:
Je m'en applaudissais, quand le sort dans mes mains
Fit passer cet écrit propice à mes desseins;
Je voulais au Sultan contre un fils que j'abhorre....
Il faut que ce billet soit plus funeste encore;

A iv

Le Prince est violent & son malheur l'aigrit,
Il est fier, inflexible, il me hait;.... il suffit.
Je sçais l'art de pousser ce superbe courage
A des emportemens qui serviront ma rage;
Son orgueil finira ce que j'ai commencé.

OSMAN.

Hâtez-vous : qu'à l'instant l'arrêt soit prononcé,
Avant que l'ennemi que vous voulez proscrire
Sur le cœur de son père ait repris son empire.
Mais ne craignez-vous point cette ardente amitié
Dont votre fils, Madame, à son frere est lié ?
Vous-même, pardonnez à ce discours sincère,
Vous-même, l'envoyant sur les pas de son frère,
D'une amitié fatale avez serré les nœuds.

ROXELANE.

Eh ! quoi ! fallait-il donc qu'enchaîné dans ces lieux,
Au sentier de l'honneur mon fils n'ôsat paraître ?
Entouré de Héros, Zéangir voulut l'être.
Je l'adore; il est vrai, mais c'est avec grandeur.
J'approuvai, j'admirai, j'excitai son ardeur :
La politique même appuyait sa prière :
Du Trône sous ses pas j'abaissais la barrière.
Je crus que signalant une heureuse valeur
Il devait à nos vœux promettre un Empereur
Digne de soutenir la splendeur Ottomane.
Eh ! comment soupçonner qu'un fils de Roxelane,
Si près de ce haut rang, pourrait le dédaigner,
Et former d'autres vœux que celui de régner ?
Mais, non : rassurez-vous ; quel excès de prudence
Redoute une amitié, vaine erreur de l'enfance.

TRAGÉDIE.

Prestige d'un moment, dont les faibles lueurs
Vont soudain disparoitre à l'éclat des grandeurs?
Mon fils......

OSMAN.

Vous ignorez à quel excès il l'aime.
Je ne puis vous tromper, ni me tromper moi-même :
Je déteste le Prince autant que je le crains :
Il doit haïr en moi l'ouvrage de vos mains,
Un Visir qui le brave & bientôt votre gendre ;
D'Ibrahim qu'il aimait il veut venger la cendre,
Successeur d'Ibrahim, je puis prévoir mon sort.
S'il vit, je dois trembler : s'il règne, je suis mort :
Jugez sur ses destins quel intérêt m'éclaire.
Perdez votre ennemi, mais redoutez son frère
Par des nœuds éternels ils sont unis tous deux.

ROXELANE.

Zéangir!... Ciel!... mon fils!.... il trahirait mes vœux !
Ah! s'il était possible..... Oui, malgré ma tendresse...
Je suis mère, il le sçait, mais mère sans faiblesse.
Ses frivoles douleurs ne pourraient m'allarmer,
Et mon cœur en l'aimant sçait comme il faut l'aimer.

OSMAN.

Il est d'autres périls dont je dois vous instruire.
Je crains que dans ces lieux, cette jeune Azémire
N'ouvre à l'amour enfin le cœur de votre fils.

ROXELANE.

J'ai mes desseins, Osman ; captive dans Tauris,
Je la fis demander au Vainqueur de son père.
La fille de Thamas peut m'être nécessaire ;
Vous saurez mes projets, quand il en sera tems.
Allez, j'attends mon fils ; profitez des instans,

10 MUSTAPHA ET ZÉANGIR,

Affiégez mon époux : Sultane & belle-mère,
Jufqu'au moment fatal je dois ici me taire :
Parlez : de fes foupçons nourriffez la fureur ;
C'eft par eux qu'en fecret j'ai détruit dans fon cœur
Ce fameux Ibrahim, cet ami de fon maitre,
S'il eft vrai, toutefois, qu'un fujet puiffe l'être,
Plus craint, notre ennemi fera plus odieux.
Du defpotifme ici tel eft le fort affreux ;
Ainfi que la terreur le danger l'environne :
Tout tremble à fes genoux, il tremble fur le Trône.
On vient. C'eft Zéangir. Un inftant d'entretien
Me dévoilant fon cœur va décider le mien.

SCENE II.
ROXELANE, ZÉANGIR.
ROXELANE.

Mon fils, le tems approche, ou, devançant votre âge,
De mes foins maternels accompliffant l'ouvrage,
Vous devez affurer l'effet de mes deffeins.
Elevez votre cœur jufques à vos deftins.
Le Sultan, (notre amour veut en vain nous le taire)
Touche au terme fatal de fa longue carrière ;
De l'Euphrate au Danube, & d'Ormus à Tunis *,
Cent peuples, fous fes loix étonnés d'être unis,

---

* Les Flottes de Soliman pénétrerent jufques dans le Golfe Perfique.

TRAGÉDIE.

Vont voir à qui le sort doit remettre en partage
De sceptres, de grandeurs cet immense héritage.
Le Prince, après huit ans, rappellé dans ces lieux....

ZÉANGIR.

Ah !... je tremble pour lui.

ROXELANE.
(à part.)

Qui ? vous, mon fils !... O Cieux !

ZÉANGIR.

C'est pour lui que j'accours : souffrez que ma prière
Implore vos bontés en faveur de mon frère.
Les enfans des Sultans, (vous ne l'ignorez pas)
Bannis pour commander en de lointains climats,
Ne peuvent en sortir sans l'ordre de leur père ;
Mais cet ordre est souvent terrible, sanguinaire.
Sur le seuil du Palais si mon frère immolé...

ROXELANE.

Et voilà de quels soins votre cœur est troublé !
De nos grands intérêts quand mon ame est remplie !
Quand vous devez régler le sort de notre vie !

ZÉANGIR.

Moi !

ROXELANE.
(à part.)

Vous... Ciel ! qu'il est loin de concevoir mes vœux.
Ceux dont ici pour vous le zèle ouvre les yeux
Vous tracent vers le trône un chemin légitime.

ZÉANGIR.

Le trône est à mon frère, y penser est un crime.

ROXELANE.

Il est vrai qu'en effet, s'il eût persévéré,
S'il eût vaincu l'orgueil dont il est dévoré,
S'il n'eût trahi l'Etat, vous n'y pouviez prétendre.

ZÉANGIR.

Qui ? lui ! trahir l'Etat ! ô Ciel ! puis-je l'entendre ?
Croyez qu'en cet instant, pour dompter mon courroux,
J'ai besoin du respect que mon cœur a pour vous.
Qui venais-je implorer ; quel appui pour mon frère !

ROXELANE.

Eh bien ! préparez-vous à braver votre père ;
Prouvez-lui que ce fils, noirci, calomnié,
D'aucun traité secret à Thamas n'est lié :
Que depuis son rappel, ses délais qu'on redoute,
Sur lui, sur ses desseins ne laissent aucun doute.
Mais tremblez que son père aujourd'hui, dans ces lieux,
N'ait de la trahison la preuve sous ses yeux.

ZÉANGIR.

Quoi !... non, je ne crains rien, rien que la calomnie.
Rougissez du soupçon qui veut flétrir sa vie,
Il est indigne, affreux.

ROXELANE.

Modérez-vous, mon fils.
Eh bien ! nous pourrons voir nos doutes éclaircis.
Cependant vous deviez, s'il faut ici le dire,
Excuser une erreur qui vous donne un empire.
Vous le sacrifiez. Quel repentir un jour !...

TRAGÉDIE.

ZÉANGIR.

Moi ! jamais.

ROXELANE.

Prévenez ce funeste retour.
Quel fruit de mes travaux ! Quel indigne salaire !
Savez-vous pour son fils ce qu'a fait votre mère ?
Savez-vous quels degrés préparant ma grandeur,
D'avance, par mes soins, fondaient votre bonheur ?
Née, on vous l'a pu dire, au sein de l'Italie,
Surprise sur les mers qui baignent ma patrie,
Esclave, je parus aux yeux de Soliman :
Je lui plus : il pensa qu'éprise d'un Sultan,
M'honorant d'un caprice, heureuse de ma honte,
Je briguerais moi-même une défaite promte.
Qu'il se vit détrompé ! ma main, ma propre main,
Prévenant mon outrage, allait percer mon sein ;
Il pâlit à mes pieds, il connut sa Maîtresse.
Ma fierté, son estime accrurent sa tendresse :
Je sus m'en prévaloir : une orgueilleuse loi
Défendait que l'hymen assujettit sa foi ;
Cette loi fut proscrite, & la terre étonnée
Vit un Sultan soumis au joug de l'hyménée :
Je goûtai, je l'avoué, un instant de bonheur.
Mais bientôt, mon cher fils, lasse de ma grandeur,
Une langueur secrette empoisonna ma vie :
Je te reçus du Ciel, mon ame fut remplie.
Ce nouvel intérêt, si tendre, si pressant,
Répandit sur mes jours un charme renaissant ;
J'aimai plus que jamais ma nouvelle patrie ;
La gloire vint parler à mon ame aggrandie ;

J'enflammai d'un époux l'heureuse ambition :
Près de son nom peut-être on placera mon nom.
Eh bien, tous ces surcroîts de gloire, de puissance,
C'est à toi que mon cœur les soumettait d'avance ;
C'est pour toi que j'aimais & l'empire & le jour ;
Et mon ambition n'est qu'un excès d'amour.

ZÉANGIR.

Ah ! vous me déchirez ; mais quoi, que faut-il faire ?
Faut-il tremper mes mains dans le sang de mon frère ;
Moi qui voudrais pour lui voir le mien répandu ?

ROXELANE.

Quoi ! vous l'aimez ainsi ? Dieux ! quel charme inconnu
Peut lui donner sur vous cet excès de puissance ?

ZÉANGIR.

Le charme des vertus, de la reconnaissance ;
Celui de l'amitié.... Vous me glacez d'effroi.

ROXELANE.

Adieu.

ZÉANGIR.

Qu'allez-vous faire ?

ROXELANE.

     Il est affreux pour moi
D'avoir à séparer mes intérêts des vôtres ;
Ce cœur n'était pas fait pour en connaître d'autres.

ZÉANGIR.

Vous fuyez. Dans quel tems m'accable son courroux ?
Quand un autre intérêt m'appelle à ses genoux,
Quand d'autres vœux...

TRAGÉDIE.

ROXELANE.
Comment!

ZÉANGIR.
Je tremble de le dire.

ROXELANE.
Parlez.

ZÉANGIR.
Si mon destin m'écarte de l'Empire,
Il est un bien plus cher & plus fait pour mon cœur,
Qui pourrait à mes yeux remplacer la grandeur.
Sans vous, sans vos bontés je n'y dois point prétendre;
Je l'oserais par vous.

ROXELANE.
Je ne puis vous entendre;
Mais quelque soit ce bien pour vous si précieux,
Mon fils, il est à vous, si vous ouvrez les yeux.
Votre imprudence ici renonce au rang suprême;
Vous en voyez le fruit, & dans cet instant même
Il vous faut implorer mon secours, ma faveur;
Régnez, & de vous seul dépend votre bonheur,
Et sans avoir besoin qu'une mere y consente,
Vous verrez à vos loix la terre obéissante.

SCÈNE III.
ZÉANGIR, seul.

Quels assauts on prépare à ce cœur effrayé !
Craindrais-je pour l'Amour, tremblant pour l'amitié ?
O mon frere ! ô cher Prince ! après un an d'absence,
Hélas ! était-ce à moi de craindre sa présence ?
J'augmente ses dangers.... je vole à ton secours...
Et c'est ma mère, ô Ciel ! qui menace tes jours.
Se peut-il que d'un crime on me rende complice,
Et que je sois formé d'un sang qui te haïsse ?

SCÈNE IV.
ZÉANGIR, AZÉMIRE.
ZÉANGIR.

Ah ! Princesse, apprenez, partagez ma douleur.
Ma voix, de la Sultane implorant la faveur,
Et de mes feux secrets découvrant le mystère,
Allait à mon bonheur intéresser ma mère,
Quand j'ai compris soudain sur un affreux discours ;
Quels périls vont du Prince environner les jours.

AZÉMIRE.

Eh ! quoi, que faut-il craindre ? Et quel nouvel orage....

ZÉANGIR.

TRAGÉDIE.

ZÉANGIR.

Souffrez qu'entre vous deux mon ame se partage,
Que d'un frère à vos yeux j'ose occuper mon cœur.
Vous pouvez le haïr, je le sçais.

AZÉMIRE.
                Moi, Seigneur !

ZÉANGIR.

Je ne me flatte point, par lui seul prisonnière,
C'est par lui qu'Azémire est aux mains de mon père.
L'instant où je vous vis est un malheur pour vous,
Et mon frère est l'objet d'un trop juste courroux.

AZÉMIRE.

Par mon seul intérêt mon ame prévenue
A ses vertus, Seigneur, n'a point fermé ma vue ;
Je suis loin de haïr un généreux vainqueur.
Ses soins ont de mes fers adouci la rigueur ;
Il a même permis que mes yeux, dans son ame,
Vissent.... quelle amitié pour son frère l'enflamme !

ZÉANGIR.

Ah ! que n'avez-vous pu lire au fond de son cœur !
De tous ses sentimens connaitre la grandeur,
Vous sauriez à quel point son amitié m'est chère.

AZÉMIRE.

Je vous l'ai dit, Seigneur, j'admire votre frère ;
Je sens que son danger doit vous faire frémir.
Quel est-il ?

ZÉANGIR.
          On prétend, on ose soutenir
Qu'avec Thamas, Madame, il est d'intelligence.

B

AZÉMIRE.
O Ciel! qui peut ainsi flétrir son innocence?
ZÉANGIR.
De ces affreux soupçons je confondrai l'auteur.
Mais, si j'ose, à mon tour, soigneux de mon bonheur....
AZÉMIRE.
Faut-il que de mes vœux vous le fassiez dépendre?
D'un trop funeste amour que devez-vous attendre?
Nos destins par l'Hymen peuvent-ils être unis?
Thamas & Soliman, éternels ennemis,
Dans le cours d'un long regne, illustre par la guerre,
De leurs sanglans débats ont occupé la terre;
Et, malgré ses succès, votre pere, Seigneur,
Laisse, au seul nom du mien, éclater sa fureur.
Je vois que votre amour gémit de ce langage;
Mais mon cœur, je le sens, gémirait davantage,
Si le vôtre, Seigneur, par le tems détrompé,
Me reprochait l'espoir dont il s'est occupé.
ZÉANGIR.
Non: je serai moi seul l'auteur de mon supplice,
Cruelle; je vous dois cette affreuse justice.
Mais je veux, malgré vous, par mes soins redoublés,
Triompher des raisons qu'ici vous rassemblés;
Et si dans vos refus, votre ame persévère,
Mes larmes couleront dans le sein de mon frère.

SCENE V.
AZÉMIRE, FELIME.

AZÉMIRE.

Dans le sein de son frere.... ah ! souvenir fatal !
Pour essuyer ses pleurs, il attend son rival.
Quelle épreuve ! & c'est moi, grand Dieu ! qui la prépare.

FELIME.

Je conçois les terreurs où votre cœur s'égare ;
Mais un mot, pardonnez, pouvait les prévenir.
L'aveu de votre amour....

AZÉMIRE.

J'ai dû le retenir.
Quand un ordre cruel, m'appellant à Bizance,
Du Prince, après trois mois, m'eut ravi la présence,
Sa tendresse, Félime, exigea de ma foi
Que ce fatal secret ne fut livré qu'à toi.
Il craignait pour tous deux sa cruelle ennemie.
Est-ce elle dont la haine arme la calomnie ?
A-t-il pour notre Hymen sollicité Thamas ?
O Ciel ! que de dangers j'assemble sur ses pas !
Etrange aveuglement d'un amour téméraire !
Ces raisons qu'à l'instant j'opposais à son frère
Contre le Prince hélas ! parlaient plus fortement,
Je les sentais à peine auprès de mon amant ;
Et quand plus que jamais ma flamme est combattue,
C'est l'amour d'un rival qui les offre à ma vue !

B ij

FÉLIME.

Je frémis avec vous pour vous même & pour eux ;
Eh ! qui peut sans douleur voir deux cœurs vertueux
Briser les nœuds sacrés d'une amitié si chère,
Et contraints de haïr un rival dans un frère.

AZÉMIRE.

Ah ! loin d'aigrir les maux d'un cœur trop agité,
Peins-moi, plutôt, peins-moi leur générosité ;
Peins-moi de deux rivaux l'amitié courageuse,
De ces nobles combats sortant victorieuse,
Et d'un exemple unique étonnant l'univers.
Mais un Trône, l'Amour, des intérêts si chers....
Fuyez, soupçons affreux ; gardez-vous de paraître.
Quel espoir, cher amant, dans mon cœur vient de naître,
Quand ton frère à mes yeux partageant mon effroi,
Au lieu de son amour ne parlait que de toi !
L'amitié dans son ame égalait l'amour même :
Il te rendait justice, & c'est ainsi qu'on t'aime.
Tu verras une amante, un rival malheureux,
Unir pour te sauver leurs efforts & leurs vœux.
Le Ciel, qui veut confondre & punir ta marâtre,
Charge de ta défense un fils qu'elle idolâtre.

Fin du premier Acte.

ACTE II.

SCENE PREMIERE.
LE PRINCE, ACHMET.

LE PRINCE.

Est-ce toi, cher Achmet, que j'embrasse aujourd'hui ;
Toi, de mes premiers ans & le guide & l'appui ?
Ah ! puisqu'à mes regards on permet ta présence,
De mes fiers ennemis je crains peu la vengeance.
Par tes conseils prudens je puis parer leurs coups ;
Un si fidele ami....

ACHMET.
     Prince, que faites-vous ?
D'un tel excès d'honneur mon ame est accablée.
Je voudrais voir ma vie à la vôtre immolée ;
Mais ce titre....

LE PRINCE.
     Tes soins ont sçu le mériter.
Pour en être plus digne il le faut accepter.
On m'accuse en ces lieux d'un orgueil inflexible ;
C'est du moins, cher Achmet, celui d'un cœur sensible.

Je fais chérir toujours & ton zele & ta foi,
Et l'orgueil des grandeurs est indigne de moi.
Voilà donc ce séjour si cher à mon enfance,
Où jadis.... quel accueil après huit ans d'absence !
Tu le vois, c'est ainsi qu'on reçoit un vainqueur.
On dérobe à mes yeux l'empressement flatteur
D'un peuple dont la joye honorait mon entrée.
Une barque en secret, sur la mer préparée,
Aux portes du serrail me mene obscurément :
Un ordre me prescrit d'attendre le moment
Qui doit m'admettre aux pieds de mon juge sévère ;
Il faut que je redoute un regard de mon père,
Et que l'amour d'un fils, muet à son aspect,
Se cache avec terreur sous un morne respect.

ACHMET.

Ecartez, croyez-moi, cette sombre pensée.
N'enfoncez point les traits dont votre ame est blessée :
A vos dangers, au sort conformez votre cœur :
Du joug, sans murmurer, souffrez la pésanteur :
De vos exploits, sur-tout, bannissez la mémoire,
Plus que vos ennemis, redoutez votre gloire,
Et d'un Visir jaloux confondant les desseins,
Tremblez aux pieds d'un trône affermi par vos mains.

LE PRINCE.

Le lâche ! d'Ibrahim il ! occupe la place ;
Un jour.... Dirais-tu bien que sa superbe audace
Dans mon camp, sous mes yeux, voulait dicter des Loix ?

ACHMET.

De vos ressentimens, Prince, étouffez la voix.

TRAGÉDIE.
LE PRINCE.

Qui, moi ! souffrir l'injure & dévorer l'offense !
Détester sans courroux & frémir sans vengeance !...
Je le voudrais en vain, n'attends point cet effort....
Pardonne, cher Achmet, pardonne à ce transport:
Je devrais, je le sens, vaincre ma violence ;
Mais prends pitié d'un cœur déchiré dès l'enfance,
Que d'horreur, d'amertume on se plut à nourrir,
D'un cœur fait pour aimer qu'on force de haïr.
Eh ! qui jamais du sort sentit mieux la colère ?
Témoin, presqu'en naissant, des ennuis de ma mère,
Confident de ses pleurs dans mon sein recueillis,
Le soin de les sécher fut l'emploi de son fils.
Elle fuit avec moi, je pars pour l'Amasie.
Dès ce moment, Achmet, l'imposture, l'envie,
Quand je verse mon sang, osent flétrir mes jours :
Une indigne marâtre empoisonne leur cours.
Vainqueur dans les combats, consolé par la gloire,
Je n'ose aux pieds d'un maitre apporter ma victoire.
Je m'écarte en tremblant du trône paternel ;
Je languis dans l'exil, en craignant mon rappel.
J'en reçois l'ordre, Achmet ; & quand ? Lorsque ma mère
A besoin de ma main pour fermer sa paupière :
A cet ordre fatal juge de son effroi ;
Expirante à mes yeux elle a pâli pour moi ;
Ses soupirs, ses sanglots, ses muettes caresses,
Remplissaient de terreur nos dernières tendresses :
J'ai lû tous mes dangers dans ses regards écrits,
Et sur son lit de mort elle a pleuré son fils.
Ah ! cette image encor me poursuit & m'accable ;
Et tandis qu'occupé d'un devoir lamentable,

B iv

Je recueillais sa cendre & la baignais de pleurs,
Ici l'on accusait mes coupables lenteurs :
On cherchait à douter de mon obéissance :
Un fils pleurant sa mère a besoin de clémence,
Et doit justifier, en abordant ces lieux,
Quelques momens perdus à lui fermer les yeux!

ACHMET.

Ah! d'un nouvel effroi vous pénétrez mon âme.
Si votre cœur se livre au courroux qui l'enflâme,
De la Sultane ici soutiendrez-vous l'aspect ?
Feindrez-vous devant elle un ombre de respect ?
N'allez point à sa haine offrir une victime,
Contenez, renfermez l'horreur qui vous anime.

LE PRINCE.

Ah! voilà de mon sort le coup le plus affreux.
C'est peu de l'abhorrer, de paraître à ses yeux,
D'étouffer des douleurs qu'irrite sa présence,
Mon cœur s'est pour jamais interdit la vengeance;
Mère de Zéangir ses jours me sont sacrés,
Que les miens, s'il le faut, à sa fureur livrés....
Mais quoi! Puis-je penser qu'un grand homme, qu'un père,
Adoptant contre un fils une haine étrangère....

ACHMET.

Ne vous aveuglez point de ce crédule espoir.
Par la mort d'Ibrahim, jugez de son pouvoir.
Connaissez, redoutez votre fiere ennemie;
Vingt ans sont écoulés depuis que son génie
Préside aux grands destins de l'Empire Ottoman;
Et, sans le dégrader, regne sur Soliman.

Le séjour odieux qui lui donna naissance,
Lui montra l'art de feindre & l'art de la vengeance.
Son ame aux profondeurs de ses déguisemens
Joint l'audace & l'orgueil de nos fiers Musulmans.
Sous un maitre absolu souveraine maitresse,
Elle osa dédaigner, même dans sa jeunesse,
Ce frivole artifice & ces soins séducteurs,
Par qui son faible sexe, enchaînant de grands cœurs,
Offre aux yeux indignés la douloureuse image
D'un Héros avili dans un long esclavage.
De son illustre époux seconder les projets ;
Utile dans la guerre, utile dans la paix,
Sentir ainsi que lui les fureurs de la gloire,
L'enflammer, le pousser de victoire en victoire ;
Voilà par quelle adresse elle a sçu l'asservir.
Sans la braver, du moins, laissez-la vous haïr.
Eh ! par quelle imprudence, augmentant nos allarmes,
Contre vous-même ici lui donnez-vous des armes ?

LE PRINCE.

Comment ?

ACHMET.

Pourquoi, Seigneur, tous ces Chefs, ces Soldats
Qui jusqu'au pied des murs ont marché sur vos pas ?
Pourquoi cet appareil qui menace Bysance,
Et qui d'un camp guerrier présente l'apparence ?

LE PRINCE.

N'accuse que des miens le transport indiscret ;
Aux ordres du Sultan j'obéissais, Achmet ;
J'annonçais mon rappel ; & le Peuple & l'Armée
Tout frémit : on s'assemble, une Troupe allarmée

M'environne, me presse & s'attache à mes pas.
On s'écrie, en pleurant, que je cours au trépas :
Je m'arrache à leur foule, alors, pleins d'épouvante,
Furieux, égarés, ils vôlent à leur tente,
Saisissent l'étendart, & d'un zèle insensé,
Croyant me suivre, ami, m'ont déjà devancé.
Pardonne : à tant d'amour, hélas ! je fus sensible !
Et quel serait, dis-moi, le mortel inflexible,
Qui, sous le poids des maux dont je suis opprimé,
Aurait fermé son cœur au plaisir d'être aimé ?
Mais mon frère en ces lieux tarde bien à paraître.

ACHMET.

Il s'occupe de vous quelque part qu'il puisse être.
De sa tendre amitié je me suis tout promis,
C'est mon plus ferme espoir contre vos ennemis.

LE PRINCE.

Hélas ! nous nous aimons dès la plus tendre enfance,
Et de son âge au mien oubliant la distance,
Nos âmes se cherchaient alors comme aujourd'hui ;
Un charme attendrissant régnait autour de lui,
Et le cœur encor plein des douleurs de ma mère,
L'amitié m'appellait au berceau de mon frère ;
Tu le sçais, tu le vis ; & lorsque les combats
Loin de lui vers la gloire emportèrent mes pas,
La gloire, loin de lui, moins touchante & moins belle,
M'apprit qu'il est des biens plus desirables qu'elle.
Il vint la partager. La Victoire deux fois
Associa nos noms, confondit nos exploits ;
C'était le prix des miens, & mon âme enchantée
Crut la gloire d'un frère à la mienne ajoutée.

TRAGÉDIE.

Mais je te retiens trop. Cours, obferve ces lieux ;
Sur les piéges cachés ouvre pour moi les yeux ;
Aux regards du Sultan je dois bientôt paraître ;
Reviens..... j'entends du bruit. C'eft Zéangir, peut-être.
C'eft lui. Vas, va, laiffe-moi dans ces heureux momens
Oublier mes douleurs dans fes embraffemens.

SCENE II.
LE PRINCE, ZÉANGIR.

ZÉANGIR.

Ou trouver ?... C'eft lui-même. O mon ami ! mon frère !
Que, malgré mes frayeurs, ta préfence m'eft chère !
Laiffe-moi dans tes bras, laiffe-moi refpirer,
De ce bonheur fi pur laiffe-moi m'enivrer !

LE PRINCE.

Ah ! que mon âme ici répond bien à la tienne !
Ami, que ta tendreffe égale bien la mienne !
Que ces épanchemens ont pour moi de douceurs !
Pour moi, près de mon frère, il n'eft plus de malheurs....

ZÉANGIR.

Je connais tes dangers, ils redoublent mon zèle.

LE PRINCE.

Tu ne les fçais pas tous.

ZÉANGIR.
Quelle crainte nouvelle ?....

MUSTAPHA ET ZÉANGIR,

LE PRINCE.

Ecoute.

ZÉANGIR.

Je frémis.

LE PRINCE.

Tu vis de quelle ardeur
Les charmes de la gloire avaient rempli mon cœur ;
Tu sçais si l'amitié le pénètre & l'enflamme ;
A ces deux sentimens dont s'occupait mon âme,
La Ciel en joint un autre, & peut-être ce jour.....

ZÉANGIR.

Eh ! bien.....

LE PRINCE.

A ce transport méconnais-tu l'amour ?

ZÉANGIR.

Qu'entens-je ! & quel objet ?....

LE PRINCE.

Je prévois tes allarmes.

ZÉANGIR.

Acheve.

LE PRINCE.

Il te souvient que la faveur des armes,
Dans les murs de Tauris remit entre mes mains.....

ZÉANGIR.

Azémire.....

LE PRINCE.

Elle-même.

ZÉANGIR.

O douleur ! ô destins !

TRAGÉDIE.

LE PRINCE.

Je te l'avais bien dit : ta crainte est légitime :
Je sens que sous mes pas j'ouvre un nouvel abime.
Mais c'est d'elle à jamais que dépendra mon sort.
C'est pour elle qu'ici je viens braver la mort,
J'en suis aimé, du moins, & sa tendresse extrême....
En croirai-je ma vue ?... ô Ciel ! c'est-elle-même.

SCENE III.

LE PRINCE, ZÉANGIR, AZÉMIRE.

LE PRINCE.

Azémire, est-ce-vous ? qui vous ouvre ces lieux ?
Quel miracle remplit le plus chèr de mes vœux ?
Puis-je, enfin, devant vous montrer la violence
D'un amour, loin de vous, accru dans le silence ?
Comptiez-vous quelquefois, sensible à mes tourmens,
Des jours dont ma tendresse a compté les momens ?
J'ôse encor m'en flatter, mais daignez me le dire.
Vous baissez vos regards, & votre cœur soupire !
Je vois....ah ! pardonnez, ne craignez point ses yeux.
Qu'il soit le confident, le témoin de nos feux.
Je vous l'ai dit cent fois, c'est un autre moi-même.
Ce séjour, cet instant m'offre tout ce que j'aime ;
Mon bonheur est parfait...... Vous pleurez... tu pâlis......
De douleur & d'effroi vos regards sont remplis....

ZÉANGIR.
O tourment !

AZÉMIRE.
Jour affreux !

LE PRINCE.
Quel transport ! quel langage !
Du sort qui me poursuit est-ce un nouvel outrage ?

ZÉANGIR.
Non : c'est moi seul ici qu'opprime son courroux.
C'est à moi désormais qu'il réserve ses coups.
Il me perce le cœur par la main la plus chère :
J'aime, & pour mon rival il a choisi mon frère.

LE PRINCE.
Cieux !

ZÉANGIR.
Ma mère, en secret, j'ignore à quel dessein,
Dans ce piége fatal m'a conduit de sa main.
Sa cruelle bonté secondant mon adresse,
A permis à mes yeux l'aspect de la Princesse ;
J'ai prodigué les soins d'un amour indiscret
Pour attendrir, hélas ! un cœur qui t'adorait :
Je venais à tes yeux, dévoilant ce myſtere....
Cruelle, eh ! quel devoir vous forçant à vous taire,
Me laissait enivrer de ce poison fatal ?
A-t-on craint de me voir haïr un tel rival ?

AZÉMIRE.
Je l'avouerai, Seigneur, ce reproche m'étonne ;
L'ayant peu mérité, mon cœur vous le pardonne ;
J'en plains même la cause, & je crois qu'en secret
Déjà vous condamnez un transport indiscret.

TRAGÉDIE.

(*au Prince.*)

Vous n'avez pas pensé, Prince, que votre amante,
Négligeant d'étouffer une flamme imprudente,
Fiere d'un autre hommage à ses yeux présenté,
Ait d'un frivole encens nourri sa vanité,
Et me justifier, c'est vous faire une offense;
Mais puisque je vous dois expliquer mon silence,
Du repos d'un ami comptable devant vous,
Souffrez qu'en ce moment je rappelle entre nous
Quels sermens redoublés me forçaient à lui taire
Un secret….

LE PRINCE.

Ciel! Madame, un secret pour mon frère!
Eh! pouvais-je prévoir….

AZÉMIRE.

Je fais que ce Palais
Devait à tous les yeux me soustraire à jamais;
Qu'entouré d'ennemis empressés à vous nuire,
De nos vœux mutuels vous n'avez pu l'instruire.
Hélas! me chargeait-on de ce soin douloureux,
Moi qui, dans ce séjour pour vous si dangereux,
Craignant mon cœur, mes yeux & mon silence même,
Vingt fois ai souhaité de me cacher qui j'aime?
Mais non : je lui parlais de vous, de vos vertus;
Enfin, je vous nommais, que fallait-il de plus?
Et quand de son amour la prompte violence
A condamné ma bouche à rompre le silence,
J'ai vu son désespoir, tout prêt à s'exhaler,
Repousser le secret que j'allais révéler.

LE PRINCE.

Oui, sans doute, & ce trait manquait à ma misère:
Je devais voir couler les larmes de mon frère,

Voir l'amitié, l'amour, unis, armés tous deux
Contre un infortuné qui ne vit que pour eux.
Mon ame à l'espérance était encore ouverte :
C'en est fait ; je l'abjure, & le Ciel veut ma perte.
Je la veux comme lui, si je fais ton malheur.

ZÉANGIR.

Ta perte !... Acheve, ingrat, de déchirer mon cœur ;
Il te fallait.... Cruel, as-tu la barbarie
D'offenser un rival qui tremble pour ta vie.
Ta perte !... & de quel crime... Il n'en est qu'un pour toi ;
Tu viens de le commettre en doutant de ma foi.
Crois-tu que ton ami, dans sa jalouse ivresse,
Devienne ton tyran, celui de ta maitresse ;
Abjure l'amitié, la vertu, le devoir,
Pour contempler par-tout les pleurs du désespoir :
Pour mériter son sort en perdant ce qu'il aime ?
Qui de nous deux ici doit s'immoler lui-même ?
Est-ce toi qu'à mourir son choix a condamné ?
Ne suis-je pas enfin le seul infortuné ?

LE PRINCE.

Arrête. Peux-tu bien me tenir ce langage ?
C'est un frere, un ami qui me fait cet outrage !
Cruel ! quand ton amour au mien veut s'immoler,
Est-ce par ton malheur qu'il faut me consoler !
Que tu craignes ma mort qui t'assure le trône,
Cette vertu n'a rien dont la mienne s'étonne :
Le Ciel, en te privant d'un ami couronné,
Te ravirait bien plus qu'il ne t'aurait donné :
Mais te voir à mes vœux sacrifier ta flamme,
Sentir tous les combats qui déchirent ton ame,

Et

TRAGÉDIE.

Et ne pouvoir t'offrir, pour prix de tes bienfaits,
Que le seul désespoir de t'égaler jamais ;
Ce supplice est affreux, si tu peux me connaître.

ZÉANGIR.

Va, ce seul sentiment m'a tout payé peut-être.
Mon frère, laisse-moi ; dans mes vœux confondus,
Laisse-moi ce bonheur que donnent les vertus ;
Il me coûte assez cher pour que j'ose y prétendre ;
Tu dois vivre & m'aimer ; moi, vivre & te défendre :
Tout l'ordonne, le Ciel, la nature, l'honneur.
Respecte cette loi qu'ils font tous à mon cœur.
Je t'en conjure ici par un frère qui t'aime,
Par toi, par tes malheurs ;... par ton amour lui-même.
    (à Azémire.)
Joignez-vous à mes vœux ; c'est à vous de fléchir
Un cœur aimé de vous, qui peut vouloir mourir.

LE PRINCE avec transport.

C'en est fait, je me rends ; ce cœur me justifie.
Je vous aime encor plus que je ne hais la vie :
Oui, dans les nœuds sacrés qui m'unissent à toi ;
Ton triomphe est le mien, tes vertus sont à moi.
Va, ne crains point, ami, que ma fierté gémisse ;
Ni qu'opprimé du poids d'un si grand sacrifice,
Mon cœur de tes bienfaits puisse être humilié.
Eh ! connait-on l'orgueil auprès de l'amitié ?

SCENE IV.

LE PRINCE, ZÉANGIR, AZÉMIRE, ACHMET.

ACHMET.

Pardonnez si déja mon zèle, en diligence,
A vos épanchemens vient mêler ma présence;
Mais d'un subit effroi le Palais est troublé.
Déja près du Sultan le Visir appellé,
  (*Au Prince.*)
Prodigue contre vous les conseils de la haine.
La moitié du Serrail, que sa voix seule entraine,
Séduite dès long-tems, s'intéresse pour lui.
Même on dit qu'en secret un plus puissant appui....
Pardonnez.... Dans vos cœurs mes regards ont dû lire,
Mais une mère... Hélas! je crains....

LE PRINCE.
      Qu'oses-tu dire?

ZÉANGIR, *transporté.*
Acheve.

ACHMET.
Eh ! bien, l'on dit qu'invisible à regret,
Sa main conduit les coups qu'on prépare en secret.
On redoute un courroux qu'elle force au silence.
On craint son artifice, on craint sa violence,

TRAGÉDIE.

Mais un bruit dont sur-tout mon cœur est consterné...
Le Sultan veut la voir & l'ordre en est donné.

AZÉMIRE.

Ciel !

ACHMET.

On tremble, on attend cette grande entrevue,
On parle d'une lettre au Sultan inconnue....

LE PRINCE.

(à Zéangir).

Dieu ! mon sort voudrait-il ?.... Tu sauras tout....

ACHMET.

Seigneur,
Contre un juste courroux défendez votre cœur.
Vous ignorez quel ordre & quel projet sinistre
Mena dans votre camp un odieux Ministre:
Le Visir, je voudrais en vain vous le cacher,
Aux bras de vos soldats devait vous arracher.

LE PRINCE.

Que dis-tu ?

ACHMET.

Le péril arrêta son audace.
Cher Prince, devant vous si mes pleurs trouvent grace,
Si mes vœux, si mes soins méritent quelque prix,
Si d'un vieillard tremblant vous souffrez les avis,
Modérez vos transports, & loin d'aigrir un père,
Réveillez dans son cœur sa tendresse première ;
Il aima votre enfance, il aime vos vertus.
Vous pourriez... Pardonnez. Je n'ose en dire plus.
A de plus chers conseils mon cœur vous abandonne,
Et vole à d'autres soins que mon zèle m'ordonne.

C ij

SCENE V.

ZÉANGIR, LE PRINCE, AZÉMIRE.

ZÉANGIR.

Quel est donc ce péril dont je t'ai vû frémir ?
Cette letttre fatale.... Ami, daigne éclaircir.

LE PRINCE.

J'accroitrai tes douleurs.

ZÉANGIR.

Parle.

LE PRINCE.

Avant que mon père
Demandât la Princesse en mes mains prisonnière,
Thamas secrètement députa près de moi,
Et pour briser ses fers & pour tenter ma foi.
Ami, tu me connais, & mon devoir t'annonce,
Malgré mes vœux naissans, quelle fut ma réponse ;
Mais lorsque, chaque jour, ses vertus, ses attraits....
Je t'arrache le cœur....

ZÉANGIR.

Non, mon cœur est en paix.
Poursuis.

TRAGÉDIE.
LE PRINCE.

  O Ciel !.. Eh bien !.. Brûlant d'amour pour elle,
Et depuis, accablé d'une absence cruelle,
Je crus que je pouvais, sans blesser mon devoir,
De la paix à Thamas présenter quelqu'espoir,
Et demander pour prix d'une heureuse entremise,
Que la main de sa fille à ma foi fut promise.
Nadir, de mes desseins fidèle confident,
Autorisé d'un mot, partit secrètement ;
J'attendais son retour. J'apprends qu'en Assyrie
Attaqué, défendant mon secret & sa vie,
Accablé sous le nombre, il avait succombé.

ZÉANGIR.

Je vois dans quelles mains ce billet est tombé.
Je vois ce que prépare une mère inhumaine,
Cette lettre aujourd'hui vient d'enhardi sa haine.
Hélas ! de toi bientôt dépendront ses destins,
Bientôt son Empereur....

LE PRINCE.

    Que dis-tu ? Quoi, tu crains !...

ZÉANGIR.

Non, mon ame à ta foi ne fait point cette offense.
Sans crainte pour ses jours, je vole à ta défense.
Je vois quels coups bientôt doivent m'être portés.
Il en est un sur-tout.... J'en frémis.... Ecoutez.
Je jure ici par vous que dans cette journée,
Si je pouvais surprendre, en mon ame indignée,

C iij

Quelque defir jaloux, quelque perfide efpoir,
Capable un feul moment d'ébranler mon devoir,
Dans ce cœur avili.... Non, il n'eſt pas poſſible.
Le Ciel me foutiendra dans cet inſtant terrible,
Et fatisfait d'un cœur trop longtems combattu,
De l'affront d'un remords fauvera ma vertu.

Fin du fecond Acte.

ACTE III.

SCENE PREMIERE.
SOLIMAN, ROXELANE.

SOLIMAN.

Prenez place, Madame ; il faut que dans ce jour
Votre ame à mes regards se montre sans détour :
Le Prince dans ces lieux vient enfin de se rendre.

ROXELANE.

Les cris de ses Soldats viennent de me l'apprendre.

SOLIMAN.

J'entrevois par ce mot vos secrets sentimens ;
Vous jugerez des miens : daignez, quelques momens,
Vous imposer la Loi de m'entendre en silence.
Mon fils a mérité ma juste défiance ;
Et son retour d'ailleurs fait pour me désarmer,
Avec quelque raison peut encor m'allarmer.
Sans doute je suis loin de lui chercher des crimes ;
Mais il faut éclaircir des soupçons légitimes.
Vos yeux, si du Visir j'explique les discours,
Ont surpris des secrets d'où dépendent mes jours.

C iv

Je n'examine point si, pour mieux me confondre,
De concert avec lui....vous pourrez me répondre.
Hélas! il est affreux de soupçonner la foi
Des cœurs que l'on chérit & qu'on croyait à soi.
Mais au bord du tombeau telle est ma destinée.
Par d'autres intérêts maintenant gouvernée,
Aux soins de l'avenir vous croyez vous devoir;
Je conçois vos raisons, vos craintes, votre espoir;
Et malgré mes vieux ans, ma tendresse constante
A vos destins futurs n'est point indifférente.
Mais vous n'espérez point que pour votre repos
Je répande le sang d'un fils & d'un héros.
Son juge, en ce moment, se souvient qu'il est père.
Je ne veux écouter ni soupçons ni colére.
Ce serrail, qui jadis, sous de cruels Sultans,
Craignait de leurs fureurs les caprices sanglans,
A connu, dans le cours d'un regne plus propice,
Quelquefois ma clémence & toujours ma justice.
Juste envers mes sujets, juste envers mes enfans,
Un jour ne perdra point l'honneur de quarante ans.
Après un tel aveu, parlez, je vous écoute,
Mais que la vérité s'offre sans aucun doute.
Je dois, s'il faut porter un jugement cruel,
En répondre à l'Etat, à l'avenir, au Ciel.

ROXELANE.

Seigneur, d'étonnement je demeure frappée.
De vous, de votre fils en secret occupée,
J'ai dû, sans m'expliquer sur ce grand intérêt,
Muette, avec l'Empire, attendre son arrêt.
Mais, puisque le premier vous quittez la contrainte
D'un silence affecté trop semblable à la feinte,

TRAGÉDIE.

De mon ame à vos yeux j'ouvrirai les replis.
Je déteste le Prince & j'adore mon fils ;
Ainsi que vous, du moins, je parle avec franchise ;
Et loin qu'avec effort ma haine se déguise,
J'ose entreprendre ici de la justifier,
Vous invitant vous même à vous en défier.
   Je ne vous cache point, qu'est-il besoin de feindre ?
Que prompt en ce péril à tout voir, à tout craindre,
J'ai d'un Visir fidele emprunté les avis,
Et, moi-même, éclairé les pas de votre fils ;
Tout fondait mes soupçons, un père les partage.
   Eh ! qui donc en effet, pourrait voir sans ombrage,
Un jeune ambitieux, qui, d'orgueil enivré,
Des cœurs qu'il a séduits disposant à son gré,
A vous intimider semble mettre sa gloire,
Et croit tenir ce droit des mains de la victoire ?
Qui, mandé par son maitre, a jusques à ce jour,
Fait douter de sa foi, douter de son retour ;
Et du grand Soliman a réduit la puissance
A craindre, je l'ai vu, sa désobéissance ?
Qui, j'ose l'attester, & mes garans sont prêts,
Achete ici des yeux ouverts sur vos secrets ;
Parle, agit en Sultan ; &, si l'on veut l'entendre,
Et la guerre & la paix de lui seul vont dépendre.
Oui, Seigneur, oui vous dis-je, & peut-être aujourd'hui
Vous en aurez la preuve & la tiendrez de lui.

SOLIMAN.
Ciel !

ROXELANE.
   D'un fils, d'un sujet est-ce donc la conduite !
Et depuis quand, Seigneur, n'en craint-on plus la suite ?

Est-ce dans ce féjour?....vainement fous vos loix,
La clémence en ces lieux fit entendre fa voix.
Une autre voix, peut-être, y parle plus haut qu'elle:
La voix de ces Sultans qu'une main criminelle,
Sanglans, a renverfés aux genoux de leurs fils:
La voix des fils encor, qui près du trône affis,
N'ont point devant ce trône affez courbé la tête.
Il le fait: d'où vient donc que nul frein ne l'arrête?
Sans doute mieux qu'un autre il connait fon pouvoir:
De l'empire, en effet, il eft l'unique efpoir.
Eh! qui d'un peuple ingrat n'a vu cent fois l'yvreffe,
Ofer à vos vieux ans égaler fa jeuneffe,
Et d'un héros l'honneur des Sultans, des guerriers,
Devant un fier foldat abaiffer les lauriers?
Qui peut vous raffurer contre tant d'infolence?
Eft-ce un camp qui frémit aux portes de Bizance?
Un peuple de mutins, efclaves factieux,
De leur maitre indigné tyrans capricieux?
Ah! Seigneur, eft-ce ainfi, je vous cite à vous-même,
Que raffurant Selim, dans un péril extrême,
Vous vintes dans fes mains ici vous dépofer;
Quand ces mêmes foldats, ardens à tout ôfer,
Pour vous, malgré vous feul, plein d'un zele unanime,
Rebelles, prononçaient votre nom dans leur crime?
On vous vit accourir, feul, défarmé, foumis,
Plein d'un noble courroux contre fes ennemis,
Et tombant à fes pieds, otage volontaire,
Echapper au malheur de détrôner un père.
Tel était le devoir d'un fils plus foupçonné,
Et votre exemple au moins l'a déja condamné.

TRAGÉDIE.
SOLIMAN.

Ce qu'a fait Soliman, Soliman dut le faire.
Celui qui fut bon fils doit être aussi bon père;
Et quand vous rappellez ces preuves de ma foi,
Votre voix m'avertit d'être digne de moi.
Des revers des Sultans vous me tracez l'image :
Je reconnais vos soins, Madame, & je présage
Que, grâce aux miens peut-être, un sort moins rigoureux,
Ecartera mon nom de ces noms malheureux.
Trop d'autres, négligeant le devoir qui m'arrête,
A des fils soupçonnés ont demandé leur tête.
Oui ; mais n'ont-ils jamais, après ces rudes coups,
Détesté les transports d'un aveugle courroux ?
Hélas ! si ce moment doit m'offrir un coupable,
Peut-être que mon sort est assez déplorable.
Serai-je donc rangé parmi ces Souverains
Qu'on a vus de leurs fils juges trop inhumains,
Réduits à s'imposer ce fatal sacrifice ?
Malheureux qu'on veut plaindre & qu'il faut qu'on haïsse !
Quelqu'éclat dont leur regne ait ébloui les yeux,
De ces grands châtimens le souvenir affreux,
Eternisant l'effroi qu'imprime leur mémoire,
Mêle un sombre nuage aux rayons de leur gloire.
Le nom de Soliman, Madame, a mérité
De parvenir sans tache à la postérité.
Dans mon cœur vainement votre cruelle adresse
Cherche d'un vil dépit la vulgaire faiblesse,
Et voudrait par la haine irriter mes soupçons;
J'écarte ici la haine & pése les raisons.
L'intérêt de mon sang me dit pour le défendre,
Qu'un coupable en ces lieux eut tremblé de se rendre;

Qu'adoré des Soldats. Je l'étais comme lui.

ROXELANE.

Comme lui des Persans imploriez-vous l'appui ?

SOLIMAN.

Des Persans.... Lui! grands Dieux ! je retiens ma colère :
Ce n'est pas vous ici que doit en croire un père.
Que des garans certains à mes yeux présentés,
Que la preuve à l'instant.

ROXELANE.

Je le veux.

SOLIMAN, *se levant*.

Arrêtez.

Je redoute un courroux trop facile à surprendre.
Son maitre en vain frémit, son Juge doit l'entendre,
Que mon fils soit présent..... Faites venir mon fils.
(*Roxelane se lève, le Visir parait.*)
Que veut-on ?

SCENE II.

SOLIMAN, ROXELANE, OSMAN.

OSMAN.

J'Attendais le moment d'être admis,
Seigneur, je viens chercher des ordres nécessaires.
Ali, ce brave Ali, ce Chef des Janissaires,
Qui même sous Sélim s'est illustré jadis,
Et, malgré son grand âge, a suivi votre fils,

TRAGÉDIE.

Se flatte qu'à vos pieds vous daignerez l'admettre ;
Il apporte un secret qu'il a craint de commettre.
Le salut de l'Empire, a-t-il dit, en dépend,
Et des moindres délais il me rendait garant.
J'ai cru que son grand nom, ses exploits.....

SOLIMAN.

Qu'il paraisse.

ROXELANE, *à part.*

Que veut-il ?

SOLIMAN, *lui faisant signe de sortir.*

Vous sçavez quelle est votre promesse.

ROXLANE.

Je ne reparaîtrai que la preuve à la main.

SCENE III.

SOLIMAN, OSMAN, ALI.

SOLIMAN.

Quel soin pressant t'amène, & quel est ton dessein ?
Veux-tu qu'il se retire ?

ALI.

Il le faudrait peut-être.
Mais je viens contre lui m'adresser à son maitre ;
Qu'il demeure, il le peut. Sultan, tu ne crois pas
Que j'eusse d'un rebelle accompagné les pas.
Ton fils, ainsi que moi, vit & mourra fidèle.
J'ai sçu calmer des siens & la fougue & le zèle,
Ils te revèrent tous. Mais on craint les complots
Que la haine en ces lieux trame contre un Héros.

« Ah ! du moins, difaient-ils, dans leur fecret murmure,
» Ah ! fi la vérité confondait l'impofture !
» Si détrompant un maitre & cherchant fes regards,
» Elle ôfait pénétrer ces terribles remparts !
» Mais la mort punirait un zèle téméraire ».
On peut près du cercueil hafarder de déplaire,
Sultan ; d'un vieux Guerrier ces reftes languiffans,
Ce fang, dans les combats prodigué foixante ans,
Expofés pour ton fils que tout l'Empire adore,
S'ils fauvaient un Héros, te ferviraient encore.
De notre amour pour lui ne prends aucuns foupçons :
C'eft le Grand Soliman qu'en lui nous chériffons ;
Il nous rend tes vertus & tu permets qu'on l'aime.
Mais crains fes ennemis ; crains ton pouvoir fuprême ;
Crains d'éternels regrets & fur-tout un remord.
J'ai rempli mon devoir : ordonnes-tu ma mort ?

SOLIMAN.

J'eftime ce courage & ce zèle fincère :
Je permets à tes yeux de lire au cœur d'un père.
Ne crains point un courroux imprudent ni cruel.
J'aime un fils innocent, je le hais criminel :
Ne crains pour lui que lui. L'audace & l'artifice
En moi de leurs fureurs n'auront point un complice.
Contien dans fon devoir le foldat turbulent :
Leur idole répond d'un caprice infolent.
Sans dicter mon arrêt qu'on l'attende en filence.
Tu peux de ce féjour fortir en affurance :
Vas, les cœurs généreux ne craignent rien de moi.

ALI.

Sur le fort de ton fils je fuis donc fans effroi,

SCÈNE IV.
SOLIMAN, LE PRINCE.
SOLIMAN.

APPROCHEZ : à mon ordre on daigne enfin se rendre;
J'ai cru qu'avant ce jour je pouvais vous attendre.

LE PRINCE.
Un devoir douloureux a retenu mes pas.
Une mère, Seigneur, expirante en mes bras.....

SOLIMAN.
Elle n'est plus!.... je dois des regrets à sa cendre.

LE PRINCE.
Occupée en mourant d'un souvenir trop tendre,...

SOLIMAN.
C'est assez. Plût au Ciel qu'à de justes raisons
Je pusse voir encor céder d'autres soupçons,
Sans que de vos soldats l'audace & l'insolence
Vinssent d'un fils suspect attester l'innocence!

LE PRINCE.
Ne me reprochez point leurs transports effrénés
Qu'en ces lieux ma présence a déjà condamnés.
Ah! Seigneur, si pour moi l'excès de leur tendresse
Jusqu'à l'emportement a poussé leur ivresse,
Daignez ne l'imputer, hélas! qu'à mon malheur;
C'est mon funeste sort qui parle en ma faveur.

48 MUSTAPHA ET ZÉANGIR,

Privé de vos bontés, où je pouvais prétendre,
J'inspire une pitié plus pressante & plus tendre.

SOLIMAN.

Peut-être il vaudrait mieux leur en inspirer moins :
Peut-être qu'un sujet devait borner ses soins
A sçavoir obéir, à faire aimer sa gloire,
A servir sans orgueil, à ne point laisser croire
Que ses desseins secrets de la Perse approuvés....

LE PRINCE.

O Ciel ! le croyez-vous !

SOLIMAN.

Non : puisque vous vivez.

SCENE V.

LES PRÉCÉDENS, ROXELANE.

ROXELANE.

Sultan, vous pourrez voir ma promesse accomplie ;
Prince, un destin cruel m'a fait votre ennemie ;
Mais cette haine, au moins, en s'attaquant à vous,
Dans la nuit du secret ne cache point ses coups :
Vous êtes accusé, vous pourrez vous défendre.

LE PRINCE.

A ce trait généreux j'avais droit de m'attendre.

SOLIMAN,

TRAGÉDIE.

SOLIMAN, *prenant la lettre.*
Donnez.

« A vos defirs on refufa la paix,
» Un heureux changement vous permet d'y prétendre.
» Victorieux par moi, peut-être à mes fouhaits
      » Le Sultan voudra condefcendre.
» Les raifons de cette offre & le prix que j'y mets,
» Je les tairai ; Nadir doit feul vous les apprendre ».

Que vois-je! avouerez-vous cette lettre, ce feing ?
LE PRINCE.
Oui, ce billet, Seigneur, fut tracé de ma main.
SOLIMAN.
Hola, Gardes.
LE PRINCE.
      Je dois vous paraître coupable,
Je le fçais. Cependant fi le fort qui m'accable
Souffrait que votre fils pût fe juftifier,
Si mon cœur à vos yeux fe montrait tout entier....

ROXELANE.
(*Au Prince.*) (*Au Sultan.*) (*Au Prince.*)
Il le faut. . . . Permettez. . . . Vous n'avez rien à craindre.
Parlez, Nadir n'eft plus, & vous pouvez tout feindre.

LE PRINCE.
Barbare ! à cet opprobre étais-je réfervé ?
Par pitié, fi mon crime à vos yeux eft prouvé,
D'un père, d'un Sultan déployez la puiffance.
Par mille affreux tourmens éprouvez ma conftance,

D

MUSTAPHA ET ZÉANGIR,

Je puis chérir des coups que vous aurez portés,
Mais ne me livrez point à tant d'indignités.
Votre gloire l'exige, & votre fils peut croire.....

SOLIMAN.

Perfide, il te sied bien d'intéresser ma gloire,
Toi! qui veux la flétrir, toi, l'ami des Persans!
Toi, qui devant leur maître, avilis mes vieux ans!
Qui sçachant contre lui quelle fureur m'anime.....

LE PRINCE.

Ah! croyez que son nom fait seul mon plus grand crime;
Que sans ce fier courroux j'aurais pu.... non, jamais.

(Montrant Roxelane.)

J'ai mérité la mort, & voilà mes forfaits.
Cette lettre en vos mains, Seigneur, m'accusait-elle,
Quand d'avance par vous traité comme un rebelle,
L'ordre de m'arrêter dans mon camp.....

SOLIMAN.

Justes Cieux!
Tu sçavais.... je vois tout. D'un écrit odieux
Ta bouche en ce moment m'éclaircit le mystère;
Il demande à Thamas des secours contre un père.

LE PRINCE.

Quoi! ce secret fatal, qu'à l'instant dans ces lieux....!

SOLIMAN.

Traître! c'en est assez. Qu'on l'ôte de mes yeux.

TRAGÉDIE.

SCENE V.
LES PRÉCÉDENS, ZÉANGIR.

LE PRINCE, *voyant Zéangir.*

Ciel !

ZÉANGIR.
(*A part.*)
Mon père, daignez.....O mère trop cruelle !

SOLIMAN.
Quoi ! sans être appellé.

ROXELANE.
Quelle audace nouvelle !

SOLIMAN.
Qu'on m'en réponde, allez.

ZÉANGIR.
Suspendez un moment....

LE PRINCE.
Ah ! qu'il suffise au moins à cet embrassement.
Va, de ton amitié cette preuve dernière
A trop bien démenti les fureurs de ta mère ;
Elle surpasse tout, sa rage & mes malheurs,
Et la haine qu'on doit à ses persécuteurs.

(*Il sort.*)

SCENE VI.
SOLIMAN, ROXELANE, ZÉANGIR.

SOLIMAN.

Quel orgueil !

ZÉANGIR.

Ah ! craignez que dans votre vengeance....

SOLIMAN.

Je veux bien de ce zèle excuser l'imprudence,
Et j'aimerais, mon fils, à vous voir généreux,
Si le crime du moins pouvait être douteux :
Mais ne me parlez point en faveur d'un perfide
Qui peut-être déja médite un parricide.

(*à Roxelane*).

J'excuse votre haine, & je vais de ce pas
Prévenir les effets de ses noirs attentats.

TRAGÉDIE.

SCENE VII.
ROXELANE, ZÉANGIR.

ZÉANGIR.

Quoi, déjà votre haine a frappé sa victime !
Un père en un moment la trouve légitime !

ROXELANE.

Pour convaincre un coupable, il ne faut qu'un instant.

ZÉANGIR.

Si vous n'aviez un fils, il serait innocent.

ROXELANE.

Le Ciel me l'a donné, peut-être en sa colère.

ZÉANGIR.

Le Ciel vous l'a donné....pour attendrir sa mère.
Je veux croire & je crois que prête à l'opprimer,
Contre un coupable ici vous pensez vous armer ;
Et l'amour maternel que dans vous je révère,
(Car je combats des vœux dont la source m'est chère)
Abusant vos esprits sur moi seul arrêtés,
Vous persuade encor ce que vous souhaitez ;
Mais cet amour vous trompe, & peut être funeste.

ROXELANE.

Dieu, quel aveuglement ! le crime est manifeste,
Son père en a tenu le gage de sa main.

MUSTAPHA ET ZÉANGIR,

ZÉANGIR, *à part.*

Que ne puis-je parler !

ROXELANE.

      Vous frémissez en vain.
Abandonnez un traître à son sort déplorable.
Vous l'aimiez vertueux, oubliez-le coupable.
Ou, si votre amitié lui donne quelques pleurs,
Voyez du moins, voyez, à travers vos douleurs,
Quel brillant avenir le destin vous présente;
Cet éclat des Sultans, cette pompe imposante,
L'Univers, de vos loix docile adorateur,
Et la gloire plus belle encor que la grandeur;
La gloire que vos vœux....

ZÉANGIR.

      Sans doute elle m'anime.

ROXELANE.

Un trône ici la donne.

ZÉANGIR.

      Un trône acquis sans crime.

ROXELANE.

Quel crime commets-tu ?

ZÉANGIR.

      Ceux qu'on commet pour moi.

ROXELANE.

Des attentats d'autrui je profite pour toi.

ZÉANGIR.

Vous le croyez coupable & c'est-là votre excuse.
Mais moi qui vois son cœur, mais moi que rien n'abuse....

TRAGÉDIE.
ROXELANE.
Tu pleureras un jour, quand l'absolu pouvoir...
ZÉANGIR.
A-t-on jamais pleuré d'avoir fait son devoir ?
ROXELANE.
J'ai pitié, mon cher fils, d'un tel excès d'yvresse ;
Je vois avec quel art, séduisant ta jeunesse,
Il a sçu, plus prudent, par cette illusion,
T'écartant du sentier de son ambition....
ZÉANGIR.
Quoi, vous doutez....
ROXELANE.
    Eh ! bien, je veux le croire, il t'aime :
Ainsi que toi, mon fils, il se trompe lui-même.
Vous ignorez tous deux, dans votre aveugle erreur,
Et le cœur des humains & votre propre cœur.
Mais le tems, d'autres vœux, l'orgueil de la puissance,
Du Monarque au sujet cet intervalle immense,
Tout va briser bientôt un nœud mal affermi,
Et sur le trône un jour tu verras....
ZÉANGIR.
        Un ami.
ROXELANE.
L'ami d'un maître ! ô Ciel, ah ! quitte un vain prestige.
ZÉANGIR.
Jamais.
ROXELANE.
  Les Ottomans ont-ils vu ce prodige !

D iv

ZÉANGIR.

Ils le verront.

ROXELANE.

Mon fils, songes-tu dans quels lieux....
Encor, si tu vivais dans ces climats heureux,
Qui, grace à d'autres mœurs, à des loix moins sévères,
Peuvent offrir des Rois que chérissent leurs frères ;
Où, près du maitre assis, brillans de sa splendeur,
Quelquefois partageant le poids de sa grandeur,
Ils vont à des sujets placés loin de sa vue
De leurs devoirs sacrés rappeller l'étendue.
Et marchant, sur sa trace, aux conseils, aux combats,
Recueillent les honneurs attachés à ses pas !
Qu'à ce prix, signalant l'amitié fraternelle,
On mette son orgueil à s'immoler pour elle,
Je conçois cet effort. Mais en ces lieux ! mais toi !

ZÉANGIR.

Il est fait pour mon ame, il est digne de moi.
Est-ce donc un effort que de chérir son frère ?
Serait-ce une vertu quelque part étrangère ?
Ai-je dû m'en défendre ? Eh ! quel cœur endurci
Ne l'eut aimé par-tout comme je l'aime ici ?
Par-tout il eut trouvé des cœurs aussi sensibles ;
Un père, hélas ! plus doux....des destins moins terribles.
Non, vous ne savez pas tout ce que je lui dois.
Si mon nom près du sien s'est placé quelquefois,
C'est lui qui vers l'honneur appellait ma jeunesse,
Encourageait mes pas, soutenait ma foiblesse ;
Sa tendresse inquiete au milieu des combats,
Prodigue de ses jours, m'arrachait au trépas.

TRAGÉDIE.

La gloire enfin, ce bien qu'avec excès on aime,
Dont le cœur est avare envers l'amitié même,
Lui semblait le trahir, & manquait à ses vœux,
Si son éclat, du moins, ne nous couvrait tous deux.
Cent fois....

ROXELANE.

Ah! c'en est trop, vas, quoiqu'il ait pu faire,
Tu peux tout acquitter par le sang de ta mère.

ZÉANGIR.

O Ciel!

ROXELANE.

Oui, par mon sang : lui seul doit expier
Des affronts que jamais rien ne fait oublier.
Sous les yeux de son fils, ma rivale en silence,
Vingt ans de ses appas a pleuré l'impuissance.
Il l'a vue exhaler dans ses derniers soupirs
L'amertume & le fiel de ses longs déplaisirs.
Il revient poursuivi de cette affreuse image ;
Et lorsque mon nom seul doit exciter sa rage,
Il me voit, calme & fière, annonçant mon dessein,
Lui montrer son forfait attesté par son seing.
Dis-moi si pour le trône élevé dès l'enfance,
Le plus fier des humains oubliera cette offense.

ZÉANGIR.

Je vais vous étonner ; le plus fier des humains
Verrait, sans se venger, la vengeance en ses mains.
Le plus fier des humains est encor le plus tendre....
Je prévoyais qu'ici vous ne pourriez m'entendre ;
Mais, quoique vous pensiez, je le connais trop bien....

ROXELANE.

Insensé !

ZÉANGIR.

Votre cœur ne peut juger le sien ;
Pardonnez. Mon respect frémit de ce langage ;
Mais vous concevez mal qu'on pardonne un outrage :
Un autre l'a conçu. Je réponds de sa foi,
Et vos jours sont sacrés pour lui, comme pour moi ;
Il sçait trop qu'à ce corps je ne pourrais survivre.

ROXELANE.

J'entends, pour prix des soins où l'amitié vous livre,
Sa bonté souffrira que du plus beau destin,
Je coure dans l'opprobre ensevelir la fin ;
Et ramper, vile esclave, & rebut de sa haine,
En des lieux où vingt ans j'ai marché souveraine.
Décidons notre sort & daignez écouter
Ce qu'un amour de mère avait sçu me dicter.
De mon époux, bientôt, je vais pleurer la perte ;
Et de la gloire ici la carrière est ouverte :
Soliman la cherchait ; mais détestant Thamas,
Malgré moi cette haine en détournait ses pas.
Loin de porter ses coups à la Perse abattue,
Dans ses vastes déserts sans fruit toujours vaincue,
Il fallait s'appuyer des secours du Persan
Contre les vrais rivaux de l'Empire Ottoman.
L'Hymen fait les traités, & la main d'Azémire
Pourrait unir par vous & l'un & l'autre Empire.

ZÉANGIR.

Par moi !

TRAGÉDIE.

ROXELANE.

J'offre à vos vœux la gloire & le bonheur.

ZÉANGIR.

Le bonheur! déformais eſt-il fait pour mon cœur?
Si vous ſçaviez....

ROXELANE.

Mon fils, je ſçais tout.

ZÉANGIR.

Que dit-elle?

ROXELANE.

Vous l'aimez.

ZÉANGIR.

Je l'adore & je fuis.... Ah! cruelle!
O Ciel! dont la rigueur vend ſi cher les vertus,
D'un cœur au déſeſpoir n'exigez rien de plus.

SCENE VIII.

ROXELANE, seule.

Voila donc de ce cœur quel est l'endroit sensible.
Allons, frappons un coup plus sûr & plus terrible.
Mon fils est amoureux, sans doute il est aimé.
Intéressons l'objet dont il est enflammé.
Pour être ambitieux il porte un cœur trop tendre ;
Mais l'amour va parler, j'ose tout en attendre.
Espérons. Qui pourrait triompher en un jour
Des charmes d'un Empire & de ceux de l'amour ?

Fin du troisième Acte.

ACTE IV.

SCENE PREMIERE.
ZÉANGIR, AZÉMIRE.

AZÉMIRE.

Non, je n'ai point douté qu'un héroïque zele
Ne signalât toujours votre amitié fidelle ;
Je vous ai trop connu. Votre frère arrêté
Aujourd'hui de vous seul attend sa liberté.
La Sultane me quitte ; &, dans sa violence....
Quel entretien fatal & quelle confidence !
De ses desseins secrets complice malgré moi,
Ainsi que ma douleur j'ai caché mon effroi.
Je respire par vous ; &, dans ma tendre estime,
J'ose encore implorer un rival magnanime :
Je tremble pour le Prince, & mes vœux éperdus
Lui cherchent un asyle auprès de vos vertus.

ZÉANGIR.

J'ai subi comme vous cette épreuve cruelle,
Je n'ai pu désarmer une main maternelle.

Ma mère, en son erreur, se flatte qu'aujourd'hui
Vos vœux, fixés pour moi, me parlent contre lui;
Que le sang de Thamas doit détester mon frère.
Ignorant mon malheur, elle croit, elle espère
Que la séduction d'un amour mutuel
M'intéresse par vous à son projet cruel;
Il sera confondu. Déjà jusqu'à mon père
Une lettre en secret a porté ma prière :
On l'a vu s'attendrir, ses larmes ont coulé,
C'est par son ordre ici que je suis appellé.
J'obtiendrai qu'à ses yeux le Prince reparaisse;
Je saurai pour son fils réveiller sa tendresse.
Songez, dans vos frayeurs, qu'il lui reste un appui,
Et, tant que je vivrai, ne craignez rien pour lui.

AZEMIRE.

Je retiens les transports de ma reconnaissance.
Mais par pitié, peut-être, on me rend l'espérance :
Pour mieux me rassurer, vous cachez vos terreurs,
Vous détournez les yeux en essuyant mes pleurs.
Que de périls pressans ? le Visir, votre mère,
Moi-même, cette lettre, & ce fatal mystère.
Un Sultan soupçonneux, l'yvresse des soldats,
L'horreur de Soliman pour le nom de Thamas,
Horreur toujours nouvelle & par le tems accrue,
Que sans fruit la Sultane a même combattue !
Ah ! si dans les dangers qu'on redoute pour moi,
Ceux du Prince à mon cœur inspiraient moins d'effroi
Je vous dirais, forcez son généreux silence;
Dévoilez son secret, montrez son innocence :
Heureuse, si j'avais, en voulant le sauver,
Et des périls plus grands, & la mort à braver.

TRAGÉDIE.

ZÉANGIR.

Comme elle fait aimer! je vois toute ma perte.
Pardonnez: ma blessure un instant s'est ouverte;
Laissez-moi: loin de vous, je suis plus généreux,
Le Sultan va paraître: on vient. Fuyez ces lieux.

SCENE II.
SOLIMAN, ZÉANGIR.

ZÉANGIR.

Souffrez qu'à vos genoux j'adore l'indulgence
Qui rend à mes regards votre auguste présence,
Et d'un ordre sévère adoucit la rigueur.

SOLIMAN.

Touché de tes vertus, satisfait de ton cœur,
D'un sentiment plus doux je n'ai pu me défendre.
Dans ces premiers momens j'ai bien voulu t'entendre:
Mais que vas-tu me dire en faveur d'un ingrat,
Dont ce jour a prouvé le rebelle attentat?
De ce triste entretien quel fruit peux-tu prétendre?
Et de ma complaisance, hélas! que dois-je attendre?
Hors la douceur de voir que le Ciel aujourd'hui,
Me laisse au moins en toi plus qu'il ne m'ôte en lui.

ZÉANGIR.

Il n'est point prononcé cet arrêt sanguinaire.
Le Prince a pour appui les bontés de son père.
Vous l'aimâtes, Seigneur; je vous ai vu cent fois
Entendre avec transport & conter ses exploits.

Des splendeurs de l'Empire en tirer le présage,
Et montrer ce modèle à mon jeune courage.
Depuis plus de huit ans, éloigné de ces lieux,
On a de ses vertus détourné trop vos yeux.

SOLIMAN.

Quoi! quand toi même as vu jusqu'où sa violence
A fait de ses adieux éclater l'insolence!

ZÉANGIR.

Gardez de le juger sur un emportement,
D'une ame au désespoir rapide égarement.
Vous savez quel affront enflammait son courage.
On excuse l'orgueil qui repousse un outrage.

SOLIMAN.

De l'orgueil devant moi! menacer à mes yeux!
Dès long-tems....

ZÉANGIR.

Pardonnez, il était malheureux;
Dans les rigueurs du sort son ame était plus fière :
Tels sont tous les grands cœurs, tel doit être mon frère.
Rendez-lui vos bontés, vous le verrez soumis,
Embrasser vos genoux, vous rendre votre fils,
J'en répons.

SOLIMAN.

Eh! pourquoi réveiller ma tendresse
Quand je dois à mon cœur, reprocher ma faiblesse,
Quand un traitre aujourd'hui sollicite Thamas?
Quand son crime avéré....

ZÉANGIR.

Seigneur, il ne l'est pas :
Croyez-en l'amitié qui me parle & m'anime;
De tels nœuds ne sont point resserrés par le crime.

Quelque

TRAGÉDIE.

Quelques soient les garans qu'on ose vous donner,
Croyez qu'il est des cœurs qu'on ne peut soupçonner.
Eh! qui sçait si fermant la bouche à l'innocence....

SOLIMAN.

Va, son forfait lui seul l'a réduit au silence.
Eh! peut-il démentir ce camp, dont les clameurs
Déposent contre lui pour ses accusateurs?

ZÉANGIR.

Oui. Souffrez seulement qu'il puisse se défendre.
Daignez, daignez, du moins, le revoir & l'entendre.

SOLIMAN.

Que dis-tu? Ciel! qui? lui! qu'il paraisse à mes yeux!
Me voir encor braver par cet audacieux!

ZÉANGIR.

Eh! quoi! votre vertu, Seigneur, votre justice
De ses persécuteurs se montreraient complice?
Vous avez entendu ses mortels ennemis,
Et pourriez, sans l'entendre, immoler votre fils;
L'héritier de l'Empire! Ah! son père est trop juste:
Où serait, pardonnez, cette clémence auguste,
Qui dicta vos décrets, par qui vous effacez
Nos plus fameux Sultans près de vous éclipsés?

SOLIMAN.

Eh! qui l'atteste mieux, dis-moi, cette clémence,
Que les soins paternels qu'avait pris ma prudence,
D'étouffer mes soupçons, d'exiger qu'en ma main
Fût remis du forfait le gage trop certain?
D'ordonner que présent, &, prêt à les confondre,
A ses accusateurs lui-même il pût répondre?

E

Hélas ! je m'en flattais : & lorsque ses soldats
Menacent un Sultan des derniers attentats,
Qu'ils me bravent pour lui, réponds-moi, qui m'arrête ?
Quel autre dans leur camp n'eût fait voler sa tête ?
Et moi, loin de frapper, je tremble, en ce moment,
Que leur zèle, poussé jusqu'au soulèvement,
Malgré moi, ne m'arrache un ordre nécessaire.
Eh ! qui sçait si tantôt, secondant ta prière,
Ce reste de bonté qui m'enchaine le bras,
N'a point porté vers toi mes regrets & mes pas ?
Si je n'ai point cherché, dans l'horreur qui m'accable,
A pleurer avec toi le crime & le coupable ?
Hélas ! il est trop vrai qu'au déclin de mes ans,
Fuyant des yeux cruels, suspects, indifférens,
Contraint de renfermer mon chagrin solitaire,
J'ai chéri l'intérêt que tu prends à ton frère ;
Et qu'en te refusant, ma douleur aujourd'hui
Goûte quelque plaisir à te parler de lui.

ZÉANGIR.

Vous l'aimez, votre cœur embrasse sa défense.
Ah ! si vos yeux trop tard voyaient son innocence,
Si le sort vous condamne à cet affreux malheur,
Avouez qu'en effet vous mourrez de douleur.

SOLIMAN.

Oui. Je mourrais, mon fils, sans toi, sans ta tendresse,
Sans les vertus qu'en toi va chérir ma vieillesse.
Je te rends grâce, ô Ciel, qui, dans ta cruauté,
Veux que mon malheur même adore ta bonté ;
Qui dans l'un de mes fils prenant une victime,
De l'autre me fais voir la douleur magnanime,

TRAGÉDIE.

Oubliant les grandeurs dont il doit hériter,
Pleurant au pied du Trône & tremblant d'y monter.
ZÉANGIR.
Ah! si vous m'approuvez, si mon cœur peut vous plaire,
Accordez-m'en le prix en me rendant mon frère.
Ces sentimens qu'en moi vous daignez applaudir,
Communs à vos deux fils, ont trop sçu les unir.
Vous formâtes ces nœuds aux jours de mon enfance;
Le tems les a serrés.... c'était votre espérance:
Ah! ne les brisez point. Songez quels ennemis
Sa valeur a domptés, son bras vous a soumis.
Quel triomphe pour eux! & bientôt quelle audace,
Si leur haine apprenait le coup qui le menace!
Quels vœux, s'ils contemplaient le bras levé sur lui!
Et dans quel tems veut-on vous ravir cet appui?
Voyez le Transilvain, le Hongrois, le Moldave,
Infester à l'envi le Danube & la Drave.
Rhodes n'est plus. D'où vient que ses fiers défenseurs,
Sur le rocher de Malthe insultent leurs vainqueurs?
Et que sont devenus ces projets d'un grand homme,
Quand vous deviez, Seigneur, dans les remparts de Rome,
Détruisant des Chrétiens le culte florissant,
Aux murs du Capitole arborer le Croissant?
Parlez, armez nos mains, & que notre jeunesse
Fasse encor respecter cette auguste vieillesse.
Vous, craint de l'Univers, revoyez vos deux fils
Vainqueurs, à vos genoux retomber plus soumis,
Baiser avec respect cette main triomphante,
Incliner devant vous leur tête obéïssante,
Et chargés d'une gloire offerte à vos vieux ans,
De leurs doubles lauriers couvrir vos cheveux blancs.

E ij

Vous vous troublez, je vois vos larmes se répandre.
SOLIMAN.
Je cède à ta douleur & si noble & si tendre.
Ah! qu'il soit innocent & mes vœux sont remplis.
Gardes, que devant moi l'on amène mon fils.
ZÉANGIR.
(Aux Gardes.)
Mon père.... demeurez.... Ah! souffrez que mon zèle
Coure de vos bontés lui porter la nouvelle;
Je reviens avec lui me jetter à vos pieds.

SCENE III.
SOLIMAN, *seul.*
O NATURE! ô plaisirs trop long-tems oubliés!
O doux épanchemens qu'une contrainte austère
A long-tems interdits aux tendresses d'un père,
Vous rendez quelque calme à mes sens oppressés!
Egalez vos douceurs à mes ennuis passés.
Quoi donc! ai-je oublié dans quels lieux je respire;
Et par qui mon ayeul dépouillé de l'Empire
Vit son fils?.... Murs affreux! séjour des noirs soupçons,
Ne me retracez plus vos sanglantes leçons;
Mon fils est vertueux, ou du moins je l'espère.
Mais si de ses soldats la fureur téméraire
Malgré lui-même osait.... triste sort des Sultans
Réduits à redouter leurs sujets, leurs enfans!
Qui? moi! je souffrirais qu'arbitre de ma vie.....

TRAGÉDIE.

Monarques des Chrétiens que je vous porte envie !
Moins craints & plus chéris, vous êtes plus heureux.
Vous voyez de vos loix vos Peuples amoureux
Joindre un plus doux hommage à leur obéissance,
Ou, si quelque coupable a besoin d'indulgence,
Vos cœurs à la pitié peuvent s'abandonner,
Et, sans effroi, du moins, vous pouvez pardonner.

SCENE IV.
SOLIMAN, LE PRINCE, ZÉANGIR.

SOLIMAN.

Vous me voyez encor, je vous fais cette grâce.
Je veux bien oublier votre nouvelle audace.
Sans ordre, sans aveu, traiter avec Thamas
Est un crime qui seul méritait le trépas.
Offrir la Paix ! qui, vous ? De quel droit ! à quel titre !
De ces grands intérêts qui vous a fait l'arbitre ?
Sçachez, si votre main combattit pour l'Etat,
Qu'un Vainqueur n'est encor qu'un sujet, un soldat.

LE PRINCE.

Oui, j'ai tâché du moins, Seigneur, de le paraître,
Et mon sang prodigué.....

SOLIMAN.
Vous serviez votre maître.
Votre orgueil croirait-il faire ici mes destins ?
Soliman peut encor vaincre par d'autres mains.

Un autre avec succès a marché sur ma trace,
Et votre égal un jour....

LE PRINCE.

Mon frere ! il me surpasse :
Le Ciel, qui pour moi seul garde sa cruauté,
S'il vous laisse un tel fils, ne vous a rien ôté.

SOLIMAN.

Qu'entends-je ! à la grandeur joint-on la perfidie ?

ZÉANGIR.

En se montrant à vous, son cœur se justifie.

SOLIMAN.

Je le souhaite au moins. Mais n'apprendrai-je pas
Le prix que pour la paix on demande à Thamas ?
Le perfide ennemi, dont le nom seul m'offense,
Vous a-t-il contre moi promis son assistance ?

LE PRINCE.

Juste Ciel ! ce soupçon me fait frémir d'horreur ;
Si le crime un moment fut entré dans mon cœur,
(Vous ne penserez pas que la mort m'intimide,)
Je vous dirais, frappez, punissez un perfide.
Mais je suis innocent, mais l'ombre d'un forfait....

SOLIMAN.

Eh ! bien, je veux vous croire, expliquez ce billet.

LE PRINCE, *après un moment de silence.*

Je frémis de l'aveu qu'il faut que je vous fasse ;
Mon respect s'y résout, sans espérer ma grace ;
J'ai craint, je l'avouerai, pour des jours précieux.
J'ai craint, non le courroux d'un Sultan généreux,
Mais une main.... Seigneur, votre nom, votre gloire,
Soixante ans de vertus chers à notre mémoire

TRAGÉDIE.

Tout me répond des jours commis a votre foi,
Et mes malheurs du moins n'accableront que moi.

SOLIMAN.

Et pour qui ces terreurs ?

LE PRINCE.

Cet écrit, ce message,
Que de la trahison vous avez cru l'ouvrage,
C'est celui de l'Amour ; ordonnez mon trépas :
Votre fils brûle ici pour le sang de Thamas.

SOLIMAN.

Pour le sang de Thamas !

LE PRINCE.

Oui, j'adore Azémire.

SOLIMAN.

Puis-je l'entendre, ô Ciel ! & qu'ôses-tu me dire ?
Est-ce là le secret que j'avais attendu ?
Voilà donc le garant que m'offre ta vertu !
Quoi ! tu pars de ces lieux, chargé de ma vengeance,
Et de mon ennemi tu brigues l'alliance !

ZÉANGIR.

S'il mérite la mort, si votre haine....

SOLIMAN.

Eh ! bien !

ZÉANGIR.

L'Amour est son seul crime, & ce crime est le mien.
Vous voyez mon rival, mon rival que l'on aime,
Ou prononcez sa grace, ou m'immolez moi-même.

SOLIMAN.

Ciel ! de mes ennemis suis-je donc entouré ?

E iv

ZÉANGIR.
De deux fils vertueux vous êtes adoré.
SOLIMAN.
O surprise! ô douleur!
ZÉANGIR.
Qu'ordonnez-vous ?
LE PRINCE.
Mon père,
Rien n'a pu m'abaisser jusques à la prière,
Rien n'a pu me contraindre à ce cruel effort ;
Et je le fais enfin, pour demander la mort :
Ne punissez que moi.
ZÉANGIR.
C'est perdre l'un & l'autre.
LE PRINCE.
C'est votre unique espoir.
ZÉANGIR.
Sa mort serait la vôtre.
LE PRINCE.
C'est pour moi qu'il révèle un secret dangereux.
ZÉANGIR.
Pour vous fléchir ensemble, ou pour périr tous deux.
LE PRINCE.
Il m'immolait l'amour qui seul peut vous déplaire.
ZÉANGIR.
J'ai dû sauver des jours consacrés à son père.
SOLIMAN.
Mes enfans, suspendez ces généreux débats.
O tendresse héroïque! admirables combats!

TRAGÉDIE.

Spectacle trop touchant offert à ma vieillesse!
Mes yeux connaîtront-ils des larmes d'allégresse?
Grand Dieu! me payez-vous de mes longues douleurs?
De mes troubles mortels chassez-vous les horreurs?
Non, je ne croirai point qu'un cœur si magnanime,
Parmi tant de vertus, ait laissé place au crime.
Dieu! vous m'épargnerez le malheur....

SCENE V.
LES PRÉCÉDENS, OSMAN.

OSMAN.

Paroissez:
Le trône est en péril, vos jours sont menacés.
Transfuges de leur camp, de nombreux Jannissaires,
Des fureurs de l'armée insolens émissaires,
Dans les murs de Bizance ont semé leur terreur,
Séditieux sans chef, unis par la douleur.
Ils marchent. Leur maintien, leur silence menace.
En pâlissant de crainte, ils frémissent d'audace;
Leur calme est effrayant, leurs yeux avec horreur
Des remparts du serrail mesurent la hauteur.
Déjà, devançant l'heure aux prières marquée,
Les flots d'un peuple immense innondent la Mosquée,
Tandis que dans le camp un deuil séditieux
D'un désespoir farouche épouvante les yeux,
Que des plus forcenés l'emportement funeste
Des drapeaux déchirés ensevelit le reste,

Comme si leur courroux, en les foulant aux pieds,
Venait d'anéantir leurs fermens oubliés.
Montrez-vous, imposez à leur foule insolente.
SOLIMAN.
J'y cours : vas, pour toi seul un père s'épouvante.
Frémis de mon danger, frémis de leur fureur;
Et sur-tout fais des vœux pour me revoir vainqueur.
LE PRINCE.
Je fais plus ; sans frémir je deviens leur ôtage ;
J'aime à l'être, Seigneur ; je dois ce témoignage
A de braves Guerriers qu'on veut rendre suspects,
Quand leur douleur soumise atteste leurs respects.
Ah ! s'il m'était permis ! si ma vertu fidelle
Pouvait, à vos côtés désavouant leur zèle,
Se montrer, leur apprendre en signalant ma foi,
Comment doit éclater l'amour qu'ils ont pour moi !
SOLIMAN, *moment de silence.*
Gardes, qu'il soit conduit dans l'enceinte sacrée
Des plus audacieux en tout tems révérée.
Qu'au fidèle Nessir ce dépôt soit commis.
Va, mon destin jamais ne dépendra d'un fils.
Visir, à ses soldats, aux Vainqueurs de l'Asie
Opposez vos guerriers Vainqueurs de la Hongrie ;
Qu'on soit prêt à marcher à mon commandement,
Veillez sur le Serrail.

TRAGÉDIE.

SCENE VI.
ZÉANGIR, OSMAN.

ZÉANGIR.

Arrêtez un moment.
C'est vous qui de mon frère accusant l'innocence,
Contre lui du Sultan excitez la vengeance.
Je lis dans votre cœur, & conçois vos desseins :
Vous voulez par sa mort assurer mes destins,
Et des piéges qu'ici l'amitié me présente
Garantir, par pitié, ma jeunesse imprudente.
Vous croyez que vos soins, en m'immolant ses jours,
M'affligent un moment pour me servir toujours ;
Que dans l'art de régner sans doute moins novice,
Je sentirai le prix d'un si rare service,
Et que j'approuverai dans le fond de mon cœur,
Un crime malgré moi commis pour ma grandeur.

OSMAN.
Moi, Seigneur, que mon âme à ce point abaissée....?

ZÉANGIR.
Vous le nieriez en vain, telle est votre pensée.
Vous attendez de moi le prix de son trépas,
Et même en ce moment vous ne me croyez pas.
Quoiqu'il en soit, Visir, tâchez de me connaître :
D'un écueil à mon tour je vous sauve peut-être,
Ses dangers sont les miens, son sort fera mon sort ;
Et c'est moi qu'on trahit en conspirant sa mort.
Vous-même redoutez les fureurs de ma mère,
Tremblez autant que moi pour les jours de mon frère ;

A ce péril nouveau c'est vous qui les livrez ;
Je vous en fais garant & vous m'en répondrez.

OSMAN, *seul.*

Quel avenir, ô Ciel ! quel destin dois-je attendre !

SCENE VII.
ROXELANE, OSMAN.

ROXELANE.

Viens, les momens sont chèrs, marchons.

OSMAN.
Daignez m'entendre.

ROXELANE.

Eh quoi ?

OSMAN.

Dans cet instant Zéangir en courroux !....

ROXELANE.

N'importe. Ciel ! l'ingrat !... Frappons les derniers coups.
Le Sultan, hors des murs, va porter sa présence.
Dans un projet hardi viens servir ma vengeance.

OSMAN.

Quel projet ! ah ! craignez.....

ROXELANE.
Quand un sort rigoureux
A voulu qu'un dessein terrible, dangereux
Devint en nos malheurs notre unique espérance,
Il faut, pour l'assurer, consulter la prudence,
Balancer les hazards, tout voir, tout prévenir ;
Et si le sort nous trompe, il faut sçavoir mourir.

Fin du quatrième Acte.

ACTE V.

Le Théâtre représente l'intérieur de l'enceinte sacrée. Nessir & les Gardes au fond du Théâtre, le Prince sur le devant & assis au commencement du monologue.

SCENE PREMIERE.

LE PRINCE, *seul.*

L'Excès du désespoir semble calmer mes sens ;
Quel repos ! moi des fers ! ô douleur ! ô tourmens !
Sultane ambitieuse, achève ton ouvrage ;
Joins pour m'assassiner l'artifice à la rage ;
A ton lâche Visir dicte tous ses forfaits :
Le traitre ! avec quel art, secondant tes projets,
De son récit trompeur la perfide industrie
Du Sultan par degrés réveillait la furie !
Combien de ses discours l'adroite fausseté
A laissé, malgré lui, percer la vérité !
Ce Peuple consterné, ce silence, ces larmes
Qu'arrache ma disgrace aux publiques allarmes,

Ce deuil marqué du sceau de la Religion,
C'était donc le signal de la rebellion !
Hélas ! prier, gémir, est-ce trop de licence ?
Est-on rebelle enfin pour pleurer l'innocence ?
Et le Sultan le craint ! il croit, dans son erreur,
Aller d'un camp rebelle appaiser la fureur !
Il verra leurs respects dans leur sombre tristesse ;
On m'aime en chérissant sa gloire & sa vieillesse ;
Suspect dans mon exil, nourri, presque opprimé ;
A révérer son nom je les accoutumai ;
Son fils à ses vertus se plut à rendre hommage :
Que ne m'a-t-il permis de l'aimer davantage !

On ne vient point : ô Ciel ! on me laisse en ces lieux ;
En ces lieux si souvent teints d'un sang précieux,
Où tant de criminels & d'innocens peut-être,
Sont morts sacrifiés aux noirs soupçons d'un maitre !
Que tarde le Sultan ? s'est-il enfin montré ?
A-t-il vu ce tumulte, & s'est-il rassuré ?
Et Zéangir ! mon frère ! ô vertus ! ô tendresse !
Mon frère ! je le vois, il s'allarme, il s'empresse ;
De sa cruelle mère il fléchit les fureurs ;
Il rassure Azémire, il lui donne des pleurs,
Lui prodigue des soins, me sert dans ce que j'aime :
Une seconde fois il s'immole lui-même.
Quelle ardeur enflammait sa générosité,
En se chargeant du crime à moi seul imputé !
Quels combats ! quels transports ! il me rendait mon père ;
C'est un de ses bienfaits, je dois tout à mon frère.
Non, le Ciel, je le vois, n'ordonne point ma mort ;
Non, j'ai trop accusé mon déplorable sort ;

J'ai trop cru mes douleurs, tout mon cœur les condamne :
Je sens qu'en ce moment je hais moins Roxelane.
Mais quel bruit ; ah ! du moins.... que vois-je ? le Visir !
Lui, dans un tel moment ! lui, dans ces lieux !

SCENE II.
LE PRINCE, OSMAN.

OSMAN.

Nessir,
Adorez à genoux l'ordre de votre Maître.
(Il lui remet un papier.)
LE PRINCE, *assis, & après un moment de silence.*
Et vous a-t-on permis de le faire connaître ?

OSMAN.
Bientôt vous l'apprendrez.

LE PRINCE.
Et que fait le Sultan ?

OSMAN.
Contre les révoltés il marche en cet instant.

LE PRINCE
(A part.) *(Haut.)*
Les révoltés ! O Ciel ! contraignons-nous. J'espère
Qu'on peut m'apprendre aussi ce que devient mon frère.

OSMAN.
Un ordre du Sultan l'éloigne de ses yeux.

80 MUSTAPHA ET ZÉANGIR,

LE PRINCE, à part.
Zéangir éloigné ! mon appui ! justes Cieux !
(Haut.)
Azémire....

OSMAN.
Azemire à Thamas est rendue ;
Elle quitte Bysance.

LE PRINCE, à part.
O rigueur imprévue !
(Haut.)
Quel présage ? Et Nessir.....cet ordre....

OSMAN.
Est rigoureux.
Craignez de vos amis le secours dangereux.
Qui voudrait vous servir vous trahirait peut-être.
Ce séjour est sacré ; puisse-t-il toujours l'être !
Souhaitez-le & tremblez : vos périls sont accrus :
Ce zèle impétueux qu'excitent vos vertus....

LE PRINCE.
Cessez : je sçai le prix qu'il faut que j'en espère ;
Roxelane avec vous les vantait à mon père.
Sortez.

OSMAN.
Vous avez lu, Nessir, obéissez.

SCENE III.

SCENE III.
LE PRINCE, *seul.*

O Ciel! que de malheurs à la fois annoncés!
Zéangir écarté! le départ d'Azémire!
Tout ce qui me confond, tout ce qui me déchire!
Craignez de vos amis le secours dangereux!...
Je lis avec horreur dans ce myſtère affreux.
          (*A Neſſir.*)
Si l'on s'armait pour moi, ſi l'on forçait l'enceinte...
Tu frémis, je t'entends:.... d'où peut naître leur crainte?
Leur crainte! on l'eſpérait: cet eſpoir odieux,
Le Viſir l'annonçait, le portait dans ſes yeux.
S'il ne s'en croyait ſûr, eût-il ôſé m'inſtruire?
Viendrait-il inſulter l'héritier de l'Empire?
Comme il me regardait incertain de mon ſort
Mendier chaque mot qui me donnait la mort!
Et j'ai dû le ſouffrir l'inſolent qui me brave!
Le fils de Soliman bravé par une eſclave!
Cet affront, cette horreur manquaient à mon deſtin;
Après ce coup affreux le trépas....mais enfin,
Qui peut les enhardir? Quelle eſt leur eſpérance?
Qu'on attaque l'enceinte? & ſur quelle apparence...
Eſt-ce dans ce ſerrail que j'ai donc tant d'amis?
Parmi ces cœurs rampans à l'intérêt ſoumis,
Qu'importent mes périls, mon ſort, ma renommée?
C'eſt le peuple qui plaint l'innocence opprimée.
L'Eſclave du pouvoir ne tremble point pour moi:
A Roxelane ici tout a vendu ſa foi....

F

Quel jour vient m'éclairer ? Si c'était la Sultane !....
Ce crime est en effet digne de Roxelane.
Oui, tout est éclairci. Le trouble renaissant,
Le peuple épouvanté, le soldat frémissant ;
C'est elle qui l'excite : elle effrayait mon père,
Pour surprendre à sa main cet ordre sanguinaire.
Les meurtriers sont prêts par sa rage apostés ;
Les coups sont attendus ; les momens sont comptés.
Grand Dieu ! si le malheur, si la faible innocence
Ont droit à ton secours non moins qu'à ta vengeance ;
Toi, dont le bras prévient ou punit les forfaits,
Au lieu de ton courroux signale tes bienfaits ;
Je t'en conjure, ô Dieu, par la voix gémissante
Qu'éleva à tes Autels la douleur suppliante ;
Par mon respect constant pour ce père trompé
Qui périra du coup dont tu m'auras frappé ;
Par ces vœux qu'en mourant t'offrait pour moi ma mère,
Je t'en conjure....au nom des vertus de mon frère.
Calmons-nous ; espérons : je respire : mes pleurs
De mon cœur moins saisi soulagent les douleurs :
Le Ciel....qu'ai-je entendu ?..

(*Au bruit qu'on entend, les Gardes tirent leurs coutelas. Nessir tire son poignard. Nessir écoute s'il entend un second bruit*).

Frappe, ta main chancelle ;

Frappe.

(*Le second bruit se fait entendre. Ceux des Gardes qui sont à la droite du Prince passent devant lui pour aller vers la porte de la prison, & en passant forment un rideau, qui doit cacher absolument l'action de Nessir aux yeux du Public.*)

TRAGÉDIE.

SCENE IV.
LE PRINCE, ZÉANGIR.

ZÉANGIR, *s'avançant jusques sur le devant du Théâtre de l'autre côté.*

Viens, signalons notre foi, notre zèle ;
Courons vers le Sultan ; défarmons les foldats,
Qu'il reconnoiffe enfin....

(*En ce moment les Gardes qui environnaient le Prince mourant, fe rangent & fe développent de manière à laiffer voir le Prince, à Zéangir & au Spectateur.*)

O Ciel ! que vois-je ?....hélas !
Mon frère ! mon cher frère ! ô crime, ô barbarie !
(*Aux Gardes.*)
Monftres, quel noir projet, quelle aveugle furie ?

(*Neffir lui montre l'ordre, fur lequel Zéangir jette les yeux*).

Qu'ai-je lu ? qu'ai-je fait ? Malheureux ! quoi, ma main....
O mon frère ! & c'eft moi qui fuis ton affaffin !
O fort ! c'eft Zéangir que tu fais parricide !
Quel pouvoir formidable à nos deftins préfide !
Ciel !

LE PRINCE.

De trop d'ennemis j'étais enveloppé
Ton frère à leurs fureurs n'aurait point échappé.
Je plains le défefpoir où ton ame eft en proie.
La mienne en ce malheur goûte au moins quelque joie.

Je te revois encor ; je ne l'esperais pas ;
Ta présence adoucit l'horreur de mon trépas.

ZÉANGIR.

Tu meurs ! ah, c'en est fait !

SCENE V & derniere.

LE PRINCE, ZÉANGIR, SOLIMAN, ROXELANE.

SOLIMAN.

Tout me fuit, tout m'évite :
Quelle morne terreur dans tous les yeux écrite !
Que vois-je ! se peut-il ?....mon fils mourant, ô Cieux !

ROXELANE.

Il n'est plus.

SOLIMAN.

Quoi, Nessir, quel bras audacieux ?...

ZÉANGIR, se relevant de dessus le corps de son frère.

Pleurez sur l'attentat, pleurez sur le coupable,
C'est Zéangir.

SOLIMAN.

O crime ! ô jour épouvantable !

TRAGÉDIE.

ROXELANE, *à part.*

Jour plus affreux pour moi!

SOLIMAN.

Cruel, qu'espérais-tu?

ZÉANGIR.

Prévenir vos dangers, vous montrer sa vertu;
Des Soldats désarmés arrêter la licence.

SOLIMAN.

Hélas, dans leurs respects j'ai vu son innocence.
Détrompé, plein de joie, en les trouvant soumis,
Tout mon cœur s'écriait, vous me rendez mon fils,
Et pour des jours si chers, quand je suis sans allarmes,
Quand j'apporte en ces lieux ma tendresse & mes larmes...

ZÉANGIR, *hors de lui, & s'adressant à Roxelane.*

C'est vous dont la fureur l'égorge par mon bras;
Vous dont l'ambition jouit de son trépas;
Qui sur tant de vertus fermant les yeux d'un père,
L'avez fait un moment injuste, sanguinaire....
 (*A Soliman.*)
Pardonnez, je vous plains, je vous chéris...hélas!
Je connais votre cœur, vous n'y survivrez pas.
C'est la derniere fois que le mien vous offense:
 (*Regardant sa mère.*)
Mon supplice finit, & le vôtre commence.
 (*Il se tue sur le corps de son frère.*)

SOLIMAN.

O comble des horreurs!

ROXELANE.

     O transports inouis !
SOLIMAN.

O père infortuné !

ROXELANE.

     Malheureuse ! mon fils,
Lui pour qui j'ai tout fait; lui, depuis sa naissance,
De mon ambition l'objet, la recompense !
Lui, qui punit sa mère en se donnant la mort,
Par qui mon désespoir me tient lieu de remord.
Pour lui j'ai tout séduit, ton Visir, ton armée.
Je t'effrayais du deuil de Bizance allarmée.
De ton fils en secret j'excitais les soldats.
Par cet ordre surpris tu signais son trépas ;
Je forçais sa prison, sa perte était certaine.
L'amitié de mon fils a devancé ma haine.
Un Dieu vengeur par lui prévenant mon dessein...
Le Musulman le pense & je le crois enfin,
Qu'une fatalité terrible, irrévocable,
Nous enchaîne à ses loix, de son joug nous accable :
Qu'un Dieu, près de l'abime où nous devons périr,
Même en nous le montrant, nous force d'y courir ;
J'y tombe sans effroi ; j'y brave sa colère,
Le pouvoir d'un Despote & les fureurs d'un père.
Ma mort...

   (*Elle fait un pas vers son fils*).

SOLIMAN.

   Non, tu vivras pour pleurer tes forfaits.
Monstre ; de ses transports prévenez les effets.

Qu'on l'enchaîne en ces lieux, qu'on veille sur sa vie.
Tu vivras dans les fers & dans l'ignominie,
Aux plus vils des humains vil objet de mépris,
Sous ces lambris affreux teints du sang de ton fils.
Que cet horrible aspect te poursuive sans cesse ;
Que le Ciel, prolongeant ton obscure vieillesse,
T'abandonne au courroux de ces mânes sanglans :
Que mon ombre bientôt redouble tes tourmens,
Et puisse en inventer de qui la barbarie
Egale mes malheurs, ma haine & ta furie.

Fin du cinquième & dernier Acte.

APPROBATION.

J'AI lu par ordre de Monsieur le Lieutenant-Général de Police, une Tragédie intitulée : *Mustapha & Zéangir*, Tragédie en cinq Actes & en Vers, par M. de Chamfort ; & je n'y ai rien trouvé qui puisse en empêcher l'impression. A Paris, ce 10 Décembre 1777.

SUARD.

Vu l'Approbation, permis d'imprimer, ce 10 Décembre 1777,
LE NOIR.

De l'Imprimerie de CAILLEAU, rue Saint-Severin.

PRIVILÉGE DU ROI.

LOUIS, PAR LA GRACE DE DIEU, ROI DE FRANCE ET DE NAVARRE; A nos amés & féaux Conseillers les Gens tenant nos Cours de Parlement, Maîtres des Requêtes ordinaires de notre Hôtel, Conseils Supérieurs, Prévôt de Paris, Baillis, Sénéchaux, leurs Lieutenans Civils, & autres nos Justiciers qu'il appartiendra; SALUT. Notre amée la Veuve DUCHESNE, Nous a fait exposer qu'elle désireroit faire imprimer & donner au Public un Ouvrage intitulé : *Choix de Pièces du Théâtre François*, &c. s'il Nous plaisoit lui accorder nos Lettres de Priviléges pour ce nécessaires : A ces causes, voulant favorablement traiter l'Exposante, Nous lui avons permis & permettons par ces présentes, de faire imprimer ledit Ouvrage autant de fois que bon lui semblera, & de le faire vendre & débiter par tout notre Royaume, pendant le tems de six années consécutives, à compter du jour de la date des présentes. Faisons défenses à tous Imprimeurs, Libraires, & autres personnes de quelque qualité & condition qu'elles soient, d'en introduire d'impression étrangere dans aucun lieu de notre obéissance. A la charge que ces présentes seront enregistrées tout au long sur le Registre de la Communauté des Imprimeurs & Libraires de Paris, dans trois mois de la date d'icelles, que l'impression dudit Ouvrage sera faite dans notre Royaume, & non ailleurs, en bon papier & beaux caractères; que l'Impétrante se conformera en tout aux Réglemens de la Librairie, & notamment à celui du 10 Avril 1725, à peine de déchéance de la présente Permission : qu'avant de l'exposer en vente, le manuscrit qui aura servi de copie à l'impression dudit Ouvrage, sera remis dans le même état où l'approbation y aura été donnée, ès mains de notre très-cher & féal Chevalier, Garde-des-Sceaux de France, le Sieur HUE DE MIROMÉNIL; qu'il en sera ensuite remis deux Exemplaires dans notre Bibliothèque publique, un dans celle de notre Château du Louvre, un dans celle de notre très-cher & féal Chevalier, Chancelier de France, le sieur de MAUPEOU, & un dans celle dudit sieur HUE DE MIROMÉNIL, le tout à peine de nullité des présentes. Du contenu desquelles vous mandons & enjoignons de faire jouir ladite Exposante & ses ayant cause, pleinement & paisiblement, sans souffrir qu'il lui soit fait aucun trouble ou empêchement. Voulons que la copie des présentes, qui sera imprimée tout au long au commencement ou à la fin dudit Ouvrage, soit foi soit ajoutée comme à l'original, &c. DONNÉ à Versailles le onzième jour du mois de Septembre l'an de grâce mil sept cent soixante-seize, & de notre règne le troisième.

Par le Roi en son Conseil, LE BEGUE

Registré sur le Registre XX de la Chambre Royale & Syndicale des Libraires & Imprimeurs de Paris, N°. 233. Fol. 222. Le présent Privilège conformément au Réglement de 1723. A Paris, ce 16 Septembre 1776.

Signé, LAMBERT, Adjoint.

www.ingramcontent.com/pod-product-compliance
Lightning Source LLC
LaVergne TN
LVHW050638090426
835512LV00007B/919